920 FEN

D0533363

W, Metron
Marion Fenner

gyda Catrin Beard

Gomer

Cyhoeddwyd yn 2014 gan
Wasg Gomer, Llandysul, Ceredigion SA44 4JL

ISBN 978 1 84851 788 2

ⓗ y testun Marion Fenner ©

Mae Marion Fenner yn datgan ei hawl dan
Ddeddf Hawlfreintiau, Dyluniadau a Phatentau 1988
i gael ei chydnabod fel awdur y llyfr hwn.

Cyhoeddwyd gyda chymorth ariannol
Cyngor Llyfrau Cymru.

Argraffwyd a rhwymwyd yng Nghymru gan
Wasg Gomer, Llandysul, Ceredigion SA44 4JL
www.gomer.co.uk

Pennod 1

Maen nhw'n dweud 'i fod e yn y gwaed, a greda i ei fod e hefyd, achos mae cof clir 'da fi o un o 'mherfformiadau cynta i.

Yn lwcus reit, roedd hwyliau da ar Mam a Daddy, felly doedd dim angen gormod o berswâd arnyn nhw i adael i fi fynd lan i ben y stôl. Sefais i yno yn fy mhijamas a chymryd saib bach i edrych o 'nghwmpas. Mam yn sefyll yn nrws y gegin yn fy annog i â gwên, Daddy a'i fwstash tywyll, yn olygus fel Clark Gable, a llond yr ystafell o ffrindiau a chymdogion – Wat Benow a'i wraig a Benjy eu mab, Jack Gordon, Avril a Denzil, Margaret ac Eric, Brian a Vi – pawb draw yn tŷ ni. Rhaid taw adeg y Nadolig oedd hi, achos roedd pob un â gwydryn yn ei law ac yn barod i roi cwpwl o funudau i wrando ar ferch fach yn mynd drwy ei phethau. Clywed Avril a Mam yn canu 'How Much is That Doggy in the Window?' oedd wedi fy mherswadio i godi o gynhesrwydd y gwely a mentro lawr stâr ar flaenau 'nhraed i ymuno yn yr hwyl, a doedd dim dowt na fyddai Daddy'n rhoi tro ar 'Ramona' cyn pen dim, a Margaret a'i *party piece* hithau, 'Autumn Leaves'. Mae'n siŵr taw 'Iesu Tirion' neu 'Draw, draw yn Tsieina' fyddwn i wedi ei ganu – dyna'r ffefrynnau bob tro – ond heb os, byddai 'I Orwedd mewn Preseb' yn cael lle parchus yr adeg hon o'r flwyddyn hefyd. Fydden i 'di bod yn ddigon hapus cael canu drwy'r nos, ond na, digon oedd digon 'da Mam, a lan â fi ar ôl ca'l aros am sbel gyda'r oedolion, 'nôl i'r gwely, a'r hwyl a'r chwerthin yn fy suo i gysgu'n braf, a boddhad y gymeradwyaeth yn dal yn fy nghlustiau ac yn cynhesu fy nghalon.

Ro'n i'n dwlu ar y nosweithiau hyn. Roedd drws tŷ ni – Y Pant, Cwmllynfell – wastad ar agor, a dyma lle byddai'r hwyl yn digwydd, y straeon yn cael eu hadrodd a'r canu'n mynd ymlaen tan berfeddion bore. Pentre bach prysur oedd Cwmllynfell bryd hynny. Doedd dim tai cownsil, a dim byd ond y mynydd yr ochr draw. Er 'i fod e reit ar dop Cwm Tawe, ac yn bell o'r canolfannau mawr, allech chi ddim dychmygu unlle prysurach. Doedd dim angen gadael y pentre i gael dim byd am fod shwd gymaint o siopau 'da ni. Doedd dim llai na thri banc, deintydd, *ironmongers*, *drapers*, siopau sgidiau, y Co-op – lle gallech chi brynu ffwrn a ffrij yn ogystal â bwyd – heb sôn am y siopau chips a siopau taffish, y swyddfa bost a'r siop bapur, heb anghofio Eddie'r teiliwr, neu Eddie 'Lady' fel oedd e'n cael ei alw (am resymau amlwg i bawb). A fyddai dim raid mynd mor bell â'r siopau, hyd yn oed. Roedd Dic Llaeth yn dod â llaeth, ac Alf y Menyn yn dod â menyn, a phob math o fasnachwyr eraill yn dod â'u nwyddau i'r drws hefyd – y pobydd, boi y pop a dyn y pysgod. Fel yn achos Dic Llaeth, roedd yn ddigon hawdd gwybod pwy oedd pwy yn ôl eu henw – roedd Trefor yr Oil yn un arall. Roedd pobl yn cael llysenwau'n rhwydd iawn – roedd un fenyw oedd yn cael ei galw'n 'Mrs Davies Our Dai', am ei bod yn sôn am Dai, ei gŵr, bob munud – er nag wy'n cofio dim amdano fe o gwbl.

Erbyn hyn, mae'r pentre'n lle gwbwl wahanol, a'r unig siopau sydd i'w gweld yng Nghwmllynfell yw'r un rhai ag y gwelwch chi mewn unrhyw bentre arall – un siop gemist ac archfarchnad fach CK's. Ond mae Mark y bwtsiwr yn dal i fod yna, a fe yw'r unig un sy'n cynnal traddodiad y siop annibynnol, ac yn ymfalchio ei fod e'n hysbysebu ei gynnyrch yn Gymraeg, yn enwedig wrth ddenu pobl i archebu twrcis adeg y Nadolig. Byddai pob math o bobl yn galw heibio'r tŷ ar wahanol adegau o'r flwyddyn i werthu nwyddau hefyd. O'n i'n hoffi gweld Mr Palto, dyn bach â gwallt du, seimllydd oedd wastad yn gwisgo *three-piece-suit*, fyddai'n dod o gwmpas i gasglu arian erbyn y Nadolig yn ei fan fach, oedd yn llawn nisiedi, llieini bwrdd, llestri a phinersi, neu ffedogau. Bydde pawb yn cynilo arian i brynu petheuach bach wrtho fe i'w rhoi'n anrhegion. Roedden ni'n hen gyfarwydd hefyd â gweld sipsiwn â'u pegiau a'u basgedi, ond roedd un garfan arall dipyn mwy egsotig. O bryd i'w gilydd, byddai gwerthwyr Sicaidd yn dod i'r pentre yn eu tyrbans, oedd yn creu dipyn o gynnwrf yn ein plith ni blant y cwm, ac efallai am eu bod nhw'n ymddangos mor ddieithr, bydden ni'n rhedeg i ffwrdd nerth ein traed mewn ofn pan fydden ni'n eu gweld nhw'n agosáu.

Rhyw bedair neu bump oed oeddwn i pan symudon ni i'r Pant. Wncwl Harry, brawd fy mam-gu oedd wedi prynu'r lle 'nôl ar ddechrau'r 1920au, a byw yno'n hen lanc. Hen dŷ fferm ag ychydig o dir oedd e, ac yn ferch fach, ro'n i'r un mor gyfforddus 'da ieir ag o'n i â gweddill y teulu. Bryd hynny yn ardal Cwmllynfell, roedd bron pawb naill ai'n ffermio neu yn y gwaith glo. Y gwaith glo ddenodd Wncwl Harry o gartre'r teulu ar fferm tua chyfeiriad Gwynfe; ac fe ddilynodd ei chwaer Agnes e, sef fy mam-gu, neu Nana fel o'n i'n ei galw hi, a mab fferm arall, Rhys Thomas o Ben Cae Du, lan y Mynydd Du, yn ŵr iddi. Roedd y Pant yn siwtio Harry i'r dim, ac yn gadael iddo gyfuno'i waith yn y pwll ag ychydig o ffermio ysgafn. Prynodd Nana a Tad-cu'r tŷ gyferbyn ag e – Waungoch, ar

Harris Road ar gyrion y pentre. Yn y tŷ hwnnw cafodd fy mam, Bessie, ei geni a'i magu, a dyna lle ges innau fy ngeni hefyd, ym mis Tachwedd 1948. Tŷ pâr oedd hwnnw, a Danny ac Olwydd Thomas a'u meibion Daryl ac Eric yn byw drws nesa.

O'n i wrth fy modd yn byw 'da Nana a Tad-cu, ond yn fwy na neb, pan o'n i'n un fach, o'n i'n dwlu ar Wncwl Harry – ac roedd yntau'n dwlu arna i. Roedd y ddau ohonon ni'n ffrindiau penna, felly pan fu e farw'n sydyn a finnau ond yn bump oed, fe dorrais i 'nghalon, a hiraethu'n ofnadwy ar ei ôl. Ro'n i'n groten fach emosiynol iawn, ac yn fy ngalar, fe es i'n dost â niwmonia, *whooping-cough* a'r frech goch, i gyd 'da'i gilydd. Wrth lwc, ro'n i hefyd yn hoff iawn o ddoctor y pentre, Dr Sinclair, a ddaeth yn ymwelydd cyson â'r tŷ wrth i fi gael un salwch ar ôl y llall. Daeth e i 'ngweld i un diwrnod â golwg ddifrifol iawn ar ei wyneb a dweud ei fod e am roi rhywbeth arbennig iawn i fi. Â chryn seremoni, fe dynnodd e ddarn o *chewing gum* o'i boced. Edrychodd arna i ac esbonio 'mod i'n lwcus iawn i gael hwn – *penicillin chewing gum* oedd e, medde fe – a byddai'n gwneud y tric ac yn fy ngwella i'n iawn, fel 'mod i'n gallu helpu Nana i gasglu wyau unwaith eto. Wel, fe fues i'n cnoi a chnoi, ac mae'n rhaid bod rhywbeth ynddo fe, achos fe wellais i. Cofiwch, dros y blynyddoedd 'wy wedi cael nifer o anhwylderau, ond chlywes i erioed am *penicillin chewing gum* 'da neb ar ôl hynny. Dim ond nawr 'wy'n sylweddoli cystal roedd yr hen Dr Sinclair yn nabod ei gleifion, a'i fod yn gwybod yn iawn shwd i wneud i ferch fach deimlo'n well.

Gadawodd Wncwl Harry y Pant i Nana, ac felly ddechrau'r gaeaf 1953 symudodd y pump ohonon ni – Nana, Tad-cu, Mam, Daddy a fi – ar draws y ffordd i fyw yno, gan ei fod e'n dŷ mwy o faint ac felly dipyn yn fwy addas na'n tŷ ni. Wy'n gwybod taw

dechrau'r gaeaf oedd hi, achos wy'n cofio'n iawn rhedeg i mewn
i'r Pant am y tro cynta ar ôl symud yno. Roedd dipyn o waith
wedi cael ei wneud ar y lle ar ôl marw Wncwl Harry, fel gosod
cegin ac ystafell wely arall, felly ro'n i wedi gorfod aros sbel
cyn cael mynd yno. O'r diwedd, dyma fi'n cael mynd i mewn,
ond wir, pan agores i'r drws, beth weles i ond rhyw ddyn mawr
dieithr yn eistedd yn gam ar gadair reit ar bwys y drws. Wel,
fe sgreches i nerth fy mhen o weld y dieithryn od yma, ond o
edrych yn ofalus, dyna i gyd oedd e oedd Guto Ffowc roedd
Daddy wedi'i baratoi i fi at noson tân gwyllt. Daddy druan,
roedd e wedi'i roi e yno i 'nghroesawu i, nid i godi ofn arna i.

Ond buan iawn yr anghofiais i am Guto, a setlon ni lawr fel
teulu yn y tŷ newydd. Ymhen ychydig iawn, fel Agnes a Rhys y
Pant oedd pawb yn nabod Nana a Tad-cu, a Bessie Pant oedd
Mam, a hithau erioed wedi byw fwy nag ychydig lathenni
oddi wrth y cartref newydd. Mam oedd unig blentyn ei rhieni
ar ôl marw ei brawd, Lyn, yn 24 oed o'r TB. Wrth gwrs, ges
i fyth ei nabod e, ond roedd e'n dipyn o fardd yn ôl pob sôn.
Mae darnau o'i waith a'i lythyron e'n dal i fod gen i – digon o
hiwmor a thynnu coes, yn enwedig yn y llythyron y bydde fe'n
eu hanfon at Mam ac Wncwl Harry.

Dyn dŵad oedd Daddy. Cafodd Orvilliers Gordon Walter
Fenner – neu Don – ei eni yn Colchester, yr hynaf o dri mab
i Eunice a Walter Fenner. Roedd hwn yn enw a hanner, ond
nid ar chwarae bach roedd e wedi'i gael e. Buodd Walter, fy
nhad-cu, yn ymladd ar y llinell flaen yn y Rhyfel Byd Cyntaf,
a chafodd ei saethu yn ystod un o'r brwydrau mawr. Cafodd ei
anafu'n wael, a buodd e'n gorwedd mewn ffos am dri diwrnod
cyn cael ei gludo i ysbyty i wella. Mewn tref o'r enw Orvilliers
oedd yr ysbyty hwnnw, ac felly arwydd o ddiolch a gobaith at

y dyfodol oedd enwi ei blentyn cynta ar ôl y lle oedd wedi rhoi bywyd yn ôl iddo, ac yntau mor agos at farw.

Mae rhyw ychydig o ddirgelwch ynglŷn â hanes teulu Walter. Alice Fenner oedd enw ei fam, ac yn ôl y goeden deuluol, priododd hi ddwywaith. Does neb yn gwybod pwy oedd ei gŵr cynta; yn wir, does neb yn siŵr hyd yn oed os oedd e'n bodoli. Ond erbyn iddi hi briodi ei 'ail' ŵr, Frank Rayner, oedd yn ddyn cyfoethog yn ardal Halstead yn Essex, roedd ganddi bump o blant. Walter oedd yr hynaf, ac mae'n debyg mai plentyn siawns oedd e. Cafodd e 'i fagu gan ei fam-gu a'i dad-cu ar ochr Fenner y teulu, siŵr o fod er mwyn cuddio'r ffaith fod yr Alice ddeunaw oed wedi cael plentyn, a hithau'n ddibriod. Er na chafodd Walter fawr ddim byd i 'w wneud â'i fam erioed, roedd e'n agos iawn at ei frodyr a'i chwiorydd. Y peth sy'n rhyfedd i fi yw taw cyfenw'r plant oedd Fenner, sef enw teulu Alice. Petai hi wedi priodi rhywun arall, does bosib taw ei enw fe fyddai gan y plant? Wy'n rhyw amau taw Frank Rayner oedd eu tad nhw, ond nad oedd modd iddo fe ac Alice briodi am rai blynyddoedd am ryw reswm. Beth bynnag oedd y gwirionedd, chawn ni ddim gwybod bellach, a'r hanes wedi mynd ar goll yn niwloedd amser.

O ardal Pen-y-groes roedd Nana – Eunice – yn dod. Fel shwd gymaint o ferched ifanc o gefn gwlad Cymru, unwaith roedd hi'n ddigon hen, symudodd hi i Gaerdydd i weini fel morwyn mewn tŷ mawr. Does dim sôn pwy oedd y teulu, na beth oedd ei gwaith hi gyda nhw yn union, ond pan benderfynodd ei chyflogwyr symud i Lundain, aeth Eunice gyda nhw, a dyna lle cwrddodd hi â Walter. Priododd y ddau a setlo yn Essex, sef cartref teulu Walter ers cenedlaethau, a chael tri mab, Gordon, Eric a Kenneth. Er gwaetha gobaith Walter am

fyd gwell ar ôl y Rhyfel Byd Cyntaf, erbyn i'w fab hynaf ddod i
oed, roedd hi'n adeg rhyfel eto, a bu'n rhaid i Gordon chwarae
ei ran. Ryw dro yn ystod y blynyddoedd hyn, fe dynnodd
rhywbeth y teulu i Gymru – dianc rhag y bomio, o bosib – ac
ar ôl y rhyfel, symudon nhw i fyw i Gorslas, a Nana'n cael
dychwelyd i'w hen sir.

Yn ystod y rhyfel, bu Mam yn gweithio mewn ffatri
munitions yn y Rhigos. Buodd hi yno am dair blynedd, ac
er taw trefnu cyflogau yn yr adran gyllid oedd hi, roedd
y lleoliad yn ddigon peryglus. Pan fyddai'r *supervisor*, Mr
Jones, yn gadael yr ystafell, mae'n debyg byddai Mam a
chwpwl o'i ffrindiau'n mynd i guddio tu ôl i'r *filing cabinets* i
rannu un sigarét – mae'n siŵr eu bod yn teimlo'n fwy diogel
â lwmpyn o fetel rhyngddyn nhw a'r ffrwydron. Gan filwyr
Americanaidd y bydden nhw'n cael y sigaréts. Wrth iddyn
nhw yrru heibio yn eu loris, bydden nhw'n taflu *chewing gum*
a sigaréts Passing Cloud at y merched fyddai'n rhedeg mas i
godi llaw arnyn nhw – ychydig o hwyl ddiniwed yng nghanol
erchyllter y rhyfel.

Pan orffennodd y brwydro, cafodd hi waith fel
ysgrifenyddes yn ffatri peiriannau Pullman yn Rhydaman. Yn
lwcus ddigon, cafodd Daddy waith yno hefyd ar ôl gadael y
fyddin, fel *toolmaker*. Roedd Daddy yn bishyn – sai'n gwybod
faint o fenywod sydd wedi dweud wrtha i dros y blynyddoedd
'i fod e'n gwmws fel Clark Gable – felly wy'n siŵr fod Mam
yn reit falch pan gafodd hi ei hala i gasglu ei fanylion pan
ddechreuodd e weithio yn y ffatri. Mae'n rhaid bod dipyn
o sbri ynddi hi hefyd, achos yn ôl y stori, aeth hi ato, a'r
peth cynta ofynnodd hi wrtho oedd, 'May I take down your
particulars, please?' Wel, fe gafodd hi nhw, on'd do?

Roedd hyn yn fuan ar ôl i Daddy ddod yn ôl o'r rhyfel. Bron yn syth ar ôl iddo fe ymrestru'n filwr ifanc, gafodd e ddamwain a cholli ei olwg mewn un llygad – tamaid o *shrapnel* oedd yn cael y bai. Wn i ddim yn iawn beth ddigwyddodd, achos soniodd Daddy ddim am y manylion erioed, ond ar ôl hynny, fuodd e'n gweithio fel cogydd i'r fyddin drwy gydol y rhyfel. Roedd yn waith digon caled. Mae stori amdano'n dod 'nôl ar *leave* un tro a dod o hyd i rywle i gysgu'r nos yn Abertawe. Y noson honno, cafodd y dref ei bomio, ond roedd Daddy wedi blino shwd gymaint, fe gysgodd e drwy'r cyfan, hyd yn oed sŵn y dynion tân yn dod â'u peipiau dŵr drwy'r tŷ.

Felly i Daddy, mae'n siŵr fod cael merch ifanc yn fflyrtio 'dag e'n brofiad braf iawn ar ôl popeth roedd e wedi bod drwyddo ac, ymhen ychydig, roedd e'n briod â Mam ac wedi ymgartrefu yng Nghwmllynfell. Bryd hynny, roedd bron pawb yn y pentre'n siarad Cymraeg, felly mae'n rhaid ei fod yn eitha anodd i Daddy. Ar ôl sbel, roedd e'n deall pob gair – sut allai e beidio? – ond roedd e'n swil iawn o siarad yr iaith. Does dim dau ei fod e'n gallu siarad mwy nag oedd e'n ei ddangos i bobl, a byddai e'n gwneud ryw ychydig gartref yn y tŷ gyda'r teulu, ond gan fod Mam yn chwerthin ar ben ei acen Cockney, doedd dim hyder 'dag e, druan, i ddweud gair yn gyhoeddus.

Yn ferch fach, bydden i wastad yn edrych mlaen at fynd lan i Gorslas i aros 'da Nana a Grandad. Roedd Nana'n cwcan rownd y ril, ac roedd wastad teisennod ffein gyda hi ar waith. Alla i eu blasu nhw nawr – roedd bob amser ryw sbeisys arbennig ynddyn nhw, a'u blas yn wahanol i unrhyw deisennod eraill. Roedden ni'n dwy'n dwlu mynd mas 'da'n gilydd i fwyara, a byddai hithau'n dangos i fi ble oedd y lle gorau i chwilio. Roedd Grandad wedyn yn greadur bach doniol iawn, wastad yn chwarae triciau i neud i fi chwerthin. Un ffefryn ganddo oedd chwythu balŵn yn fawr ac yna ei rwbio yn erbyn ei siwmper a'i osod i sefyll ar y papur wal. Tric digon syml, ond yn ferch fach ro'n i'n rhyfeddu bob tro, ac yn ffaelu deall sut roedd e'n gallu gwneud y fath beth hudol. A'r un peth 'da'r rhigwm bach syml 'Two Little Dicky Birds'. Chi'n cofio hwnna?

Two little dicky birds sitting on a wall, one called Peter, one called Paul,
Fly away Peter, fly away Paul, come back Peter, come back Paul.

Byddai Grandad wedi rhoi darn bach o bapur ar un o'i fysedd ar y ddwy law, ac yn codi'r bysedd pan fyddai'r adar bach yn hedfan i ffwrdd, dod â nhw 'nôl lawr yn wag, ac yna'u codi eto a'u gostwng, a'r papur yn ôl yn ei le erbyn diwedd y rhigwm. Gymerodd hi flynyddoedd i fi sylweddoli ei fod yn dangos bys gwahanol i fi yng nghanol y pennill. O'n i wir yn credu ei fod e'n gallu gwneud triciau hud.

Roedd brawd ieuengaf Daddy yn gymeriad mawr. Roedd gan Wncwl Kenneth wallt du, du a llygaid brown, ac roedd golwg Eidalaidd iawn arno. I fi fel croten ifanc, roedd e'n ofnadwy o olygus, yn enwedig pan fyddai'n dod heibio mewn *sports car* neu Jag, a gwahanol ferch bert ar ei fraich bob tro. Roedd rhywbeth yn *glamorous* iawn ynddo fe, ac wy'n meddwl falle 'mod innau wedi etifeddu ychydig o'i hoffter o'r bywyd bras a'r *bling*. Ond yn anffodus, bu Wncwl Kenneth farw yn ei dridegau cynnar o effeithiau diabetes, sy'n gryf yn y teulu, fel y dysges innau'n bersonol rai degawdau'n ddiweddarach.

Pennod 2

Yn aml iawn, mae pobl yn edrych yn ôl ar eu blynyddoedd cynnar fel cyfnod delfrydol, pan oedd hi'n haf rownd y flwyddyn a phopeth yn fêl i gyd, ac yn wir, alla i ddweud yn gwbwl onest 'mod i wedi cael plentyndod hapus dros ben, yn llawn cariad a chynhesrwydd. Er ei bod yn fuan ar ôl y rhyfel, a bod cof 'da fi o weld llyfrau *rations*, roedd hefyd yn gyfnod o obaith, ac mewn pentre bach fel Cwmllynfell, roedd pawb yn byw yn hunangynhaliol. Wy'n dal i gofio hyd heddiw sut roedd pethau'n gwynto ac yn blasu, y glo ar y tân, a finnau'n eistedd ar bwys Tad-cu yn cael cwtsh tra bo fe'n smoco'i Woodbines. Ro'n i wrth fy modd yn rhedeg fy mys rownd y patshyn bach moel ar ei ben, ac yntau'n dwlu llawn cymaint â fi. Roedd Mam a Daddy'n gweithio, wrth gwrs, ond doedd dim tamed o ots 'da fi, achos roedd Nana a Tad-cu yna i ofalu amdana i bob amser. Ar ddiwedd y dydd, a finnau'n un fach iawn, bydden i'n mynd mas at y gât i aros i Mam ddod adre, ac yn cerdded i gwrdd â hi'n dod lan yr hewl, ond pan fyddai Daddy'n cyrraedd 'nôl o'r ffatri yn Rhydaman ar ei foto-beic, fe fyddai'n aros wrth y gât i fi gael neidio ar gefn y beic a chael spin mewn i'r garej.

Y penwythnos oedd orau 'da fi, pan fyddai'r pump ohonon ni gyda'n gilydd fel teulu. Ar nos Wener, fydden i'n cael hanner coron yn arian poced, a byddai Daddy'n dod â chomic i fi. Ro'n i'n aelod o glwb y cylchgrawn *Girl* ac yn ei ddarllen yn ffyddlon bob wythnos. Roedd gwastad ieir 'da ni, a gwyddau hefyd, a bydden ni'n cael gŵydd i ginio bob Nadolig. Pan oedd hi'n amser plufio, wy'n cofio'r oedolion i gyd yn eistedd ar stolion bach yn dipio'r ieir mewn *meths* cyn tynnu'r plu – roedd plufyn mawr o waelod aden yr ŵydd yn un gwerthfawr ac yn cael ei ddefnyddio i dynnu llwch a gwe corynnod yn y tŷ. Roedd Tad-cu yn gredwr mawr mewn saim gŵydd – os oedd ei gefn e'n boenus, neu os oedd llwnc tost 'da unrhyw un, saim gŵydd oedd yr ateb bob tro.

Y cof penna sy gen i am nos Sadwrn yw gwynt y cig yn coginio yn y Raeburn ar gyfer cinio dydd Sul, a chynhesrwydd y ffwrn yn treiddio drwy'r tŷ. Ac er bod ffowls 'da ni, cig eidion fydden ni'n ei gael gan amla, a phan fyddai e wedi coginio, byddai Tad-cu a fi'n sleisio tafell oddi ar y top a'i rhannu 'da'n gilydd – ein trît bach ni'n dau oedd hwnna – ac wy'n hollol siŵr fod blas gwell arno ar y nos Sadwrn nag oedd erbyn cinio drannoeth.

Roedd dydd Sul yn dechrau'n gynnar. Ben bore, fyddai Daddy a fi'n codi i gwrdd â'r dyn llaeth ar ei rownd, a phenderfynu beth i'w gael – hanner peint o laeth neu hanner peint o sudd oren – a'r ddau ohonon ni'n rhannu hwnnw yn yr ardd. Erbyn i ni ddod 'nôl i'r tŷ, fyddai Mam a Nana wrthi'n glanhau'r llysiau yn barod at ginio. Byddai'r llysiau i gyd yn dod o'r ardd – roedd pawb yn gwneud ei ran yn tyfu'r cnwd. Bant i'r eglwys wedyn gyda Nana a Tad-cu. Roedd hyn yn rhan bwysig iawn o'r wythnos, yn enwedig i Tad-cu, gan ei fod e'n warden yn yr eglwys. Roedd yn cymryd ei gyfrifoldebau o ddifri, ac yn mynd yn ffyddlon bob wythnos. Ar ôl cinio, bydden i'n galw am un o'r merched oedd yn byw gerllaw a'r ddwy ohonon ni'n cerdded i'r ysgol Sul 'da'n gilydd. Wedyn, gorffen y diwrnod yn gwrando ar *Forces Favourites* a *Round the Horne* neu *The Navy*

Lark ar y radio, a finnau'n ffaelu deall pam fod yr oedolion i gyd yn chwerthin shwd gymaint, ond yn mwynhau awyrgylch hamddenol y noson.

Roedd Cwmllynfell yn fwy gwledig nag yw e heddiw – fyddai cael dafad yn gwmni wrth gerdded i lawr yr hewl ddim yn beth anghyffredin. Roedd hyn cyn iddyn nhw godi'r tai cownsil i lawr yr hewl o'r Pant, felly roedd llawer mwy o ryddid i ni'r plant. Bydden ni mas yn chwarae'n growd 'da'n gilydd o ben bore tan bod ishe bwyd arnon ni. Ddysges i lot 'da'r plant eraill hefyd. Ddangosodd Daryl ac Eric i fi shwd i wneud lolipops drwy roi pop mewn cwpanau wy a'u rhewi nhw dros nos. Sai'n credu 'mod i 'di cael lolipop gystal fyth ers hynny.

O'n i'n dipyn o *tomboy*, wastad yn dringo a rhedeg ar hyd y lle – dorres i 'mraich gwpwl o weithiau – felly doedd Mam ddim yn awyddus i fi gael beic a finnau'n sgathriadau ac yn gleisiau o hyd. Ond pan basiais i'r *eleven plus*, fe ges i un o'r diwedd. Do, fe gwympes i oddi arno sawl gwaith, ond ro'n i wrth fy modd â'r beic, ac ar ei gefn bob cyfle, lawr i Gwmtwrch neu Frynaman, lle bynnag oedd yn denu, yn griw o blant 'da'n gilydd. Mae rhywbeth yn arbennig am ffrindiau bore oes.

Roedd plant yn mynd ac dod yn y criw, ond mae rhai ohonyn nhw'n dal i fod yn ffrindiau hyd heddiw – dyna Donna Lyn, sy'n gyfaill i mi unwaith eto ym mhentre Cwmllynfell, a Moira Davies, neu Moira Thomas ar ôl iddi briodi flynyddoedd yn ddiweddarach. Er ein bod ni fel criw wedi gwahanu ar hyd y blynyddoedd, a phawb wedi mynd ei ffordd ei hun, mae'r tair ohonon ni 'nôl yn yr ardal bellach, wedi byw bywydau amrywiol, ac â phrofiadau gwahanol iawn i'w rhannu. Fuodd Moira a'i phrofiad hi yn gynhaliaeth arbennig i mi ar adeg anodd iawn yn fy mywyd. Ydw, wy'n ddiolchgar iawn i'w cael nhw'n gefn i fi unwaith eto.

Ar wahân i ganu i'r oedolion pan fyddai Mam a Daddy'n cael ffrindiau i'r tŷ, fydden i'n manteisio ar unrhyw gyfle i berfformio. Pan o'n i'n fach iawn, bydden i'n gosod fy nheganau i gyd ar waelod y stâr yn aml, ac eistedd ar y top yn perfformio iddyn nhw. Roedd gan Anti Val, mam Donna Lyn, diwlips pren ar y silff ben tân, ac ym mharti pen-blwydd Donna un flwyddyn, a finnau mewn sgert â thiwlips arni, dyma fi'n estyn y blodau pren, eu gosod ar y llawr o mlaen i, a pherfformio cân Max Bygraves 'Tulips from Amsterdam' i'r plant eraill.

Oedd, roedd canu, a chael cynulleidfa i'w werthfawrogi, yn bwysig iawn i fi, ac felly, fel unrhyw Gymraes dda, fues i'n cystadlu mewn eisteddfod neu ddwy hefyd. Ond ges i ddigon ar ôl un eisteddfod benodol yn y pentre. Rhyw un ar ddeg oed o'n i, a'r gân oedd 'Clyw Ni, Fwyn Waredwr', oedd yn siwtio fy llais i i'r dim. Lan â fi i'r llwyfan, ac fe ganais yn dda iawn, er taw fi sy'n dweud. Dyma aros yn eiddgar am y feirniadaeth, a phan ddaeth hi, roedd yn llawn canmoliaeth. Ond roedd y beirniad yn methu penderfynu rhyngof i ac un bachgen arall. 'Does dim byd i'w gwahaniaethu nhw,' medde fe, 'a'r naill gystal â'r llall. Ond rhaid cael enillydd, felly gan fod yn well gen i lais bachgen – y *boy soprano* – na llais merch, rydw i'n rhoi'r wobr iddo fe. Y bachgen sy'n ennill y tro hwn.' Wel, dyna anghyfiawnder, a finnau wedi canu mor dda. Bwdes i, a gwrthod cystadlu mewn unrhyw eisteddfod ar ôl hynny. Ond yn y pen draw, efallai taw'r beirniad oedd yn iawn, oherwydd y bachgen bach aeth â'r wobr oedd Dennis O'Neill, a aeth yn ei flaen i gael gyrfa lwyddiannus dros ben fel canwr opera. Os oedd raid colli i unrhyw un, 'run man i fi golli i ganwr byd-enwog.

Ond er i fi wrthod cystadlu, ro'n i'n dal i ganu, ac yn cael gwersi gan Wncwl Davey yn ei gartref yn Prospect Place yng nghanol y pentre. Doedd e ddim yn perthyn i fi, ond wncwl ac anti oedd pawb yn y pentre i ni'r plant. Gwersi piano o'n i i fod i gael, a byddai Mam yn rhoi hanner coron i fi i dalu amdanyn nhw bob wythnos. Ond canu o'n i am ei wneud, a doedd gen i ddim diddordeb mewn chwarae'r piano, felly cytunodd Wncwl Davey yn ddigon parod i newid y gwersi. Gan fod y piano mor bwysig i Mam a Daddy, a finnau ddim am eu siomi nhw, soniais i ddim wrthyn nhw taw dysgu canu o'n i. Mae'n debyg fod fy llais i'n debyg iawn i lais croten fach Wncwl Davey ac Anti Maggie, oedd yn hŷn na fi, ond a fu farw'n ferch fach. Roedd Wncwl Davey wrth ei fodd yn dysgu merch fach arall i ganu, ac roedd e'n dysgu'r un caneuon i fi ag oedd e wedi'u canu gyda hi rai blynyddoedd yn gynt. Un o'r rhain oedd 'Mi Garwn Fod yn Angel'. Doedd y peth ddim yn od i fi ar y pryd, ond o feddwl amdano nawr, mae'n gwneud i mi deimlo'n ofnadwy o drist drosto fe. Ac er bod Wncwl Davey wedi dysgu lot i fi, flynyddoedd yn ddiweddarach, pan o'n i'n astudio yn y Coleg Cerdd a Drama, sylweddolais ei fod e wedi dal fy llais i'n ôl, gan ei fod eisie cadw'r sain yn fwyn, fel plentyn bach. Felly er bod llais canu da 'da fi, ro'n i'n tueddu i fod yn rhy dawel, ac roedd pobl yn meddwl nad oedd e'n ddigon cryf. Ambell waith wy'n credu y bydden i wedi hoffi bod yn gantores, a falle tasen i'n cael cynnig arall arni, dyna fydden i'n ei wneud, ond erbyn i fi fagu digon o hyder a ffydd yn fy llais, ro'n i eisoes ar y llwybr actio. Ac wrth gwrs, rwystrodd y llais bach ddim ohona i'n ormodol, gan fod canu a gweithgareddau cerddorol yn yr ysgol a'r pentre yn rhan bwysig iawn o 'mywyd i wrth dyfu lan.

Pennod 3

A finnau'n groten mor fishi, o'n i'n mwynhau bywyd ysgol, er nage'r gwaith a'r gwersi oedd y peth pwysica i fi. Chwarae a joio yw beth wy'n ei gofio fwya am fy nghyfnod yn ysgol gynradd y pentre – gemau fel 'Faint o'r gloch yw hi, Mr Blaidd?' a phethau fel 'ny. Bob bore, roedd y plant i gyd yn cael llond llwy fwrdd o *malt* a *cod liver oil*, a diod sudd oren cynnes. Roedd y rhan fwya o'r plant yn troi eu trwynau ar y blas, ond o'n i'n dwlu arno, ac yn llyo'r llwy'n lân bob tro. Roedden ni wrth ein boddau'n chwarae ac yn creu storis am yr athrawon. Un diwrnod, daeth Miss Harris, un o'r athrawesau ifanc, â rhosyn coch a llythyr bach i ddangos i ni – wel, dyna sbort gafon ni wedyn yn canu 'Wish wish wish, ma Miss 'di ca'l sboner ...' Roedden ni'n gweld y peth mor rhamantus.

Erbyn cyrraedd dosbarth top yr ysgol gynradd, roedd pawb yn gorfod sefyll yr *eleven plus*, ac er nad o'n i'n arbennig o academaidd, lwyddes i i basio, a bant â fi i Ysgol Ramadeg Ystalyfera, rhyw dair milltir i lawr y cwm. Unwaith eto, nid y gwersi sy'n aros yn y cof, er 'mod i'n shifftio rywsut 'da'r gwaith. Na, roedd pethau llawer pwysicach i'w gwneud. Un o'r rheini oedd chwaraeon, ac athletau'n bennaf. Fues i'n aelod o dîm athletau'r ysgol, ennill y '3As Badge' a theithio i bob math o lefydd i gystadlu. Rhedeg oedd orau 'da fi, ac er taw fi sy'n dweud, roedd eitha siâp arna i hefyd, yn enwedig yn y ras gyfnewid – fi oedd y *third leg*. Nawr, fel arfer, dyw'r un sy'n rhedeg yn drydydd ddim yn arbennig o gyflym, ond yr eiliad fyddai'r baton yn fy llaw, o'n i bant fel milgi, ac o'n i wastad yn ennill y ras i'r tîm, yn gwibio heibio i bawb arall. Roedd chwaraeon ac athletau'n gyfle da i wneud rhywbeth pwysig arall hefyd – dod i nabod bechgyn yn well. Roedd bod yn aelod o dîm yn dod â ni'n agosach at ein gilydd, ac fel sy'n digwydd gyda phobl ifanc, roedd digon o ramant ddiniwed i'w gael. Do'n i byth yn brin o sylw gan y bechgyn, ac o'n i wrth fy modd yn ei gael e hefyd. Roedd un bachgen wastad yn dod â siocled i fi – bryd hynny gallech chi brynu bar o siocled Milk Tray, ac roedd hwnnw'n ffefryn mawr 'da'r ddau ohonon ni – mae'n rhyfedd be chi'n gofio bron i hanner canrif yn ddiweddarach.

Dechreues i fynd mas 'da bachgen o'r enw Ian Davies, oedd flwyddyn yn ifancach na fi – crwt llawn hyder a sŵn, bob amser yng nghanol popeth ac yn manteisio ar bob cyfle i gymryd rhan yn y gweithgareddau i gyd. Roedden ni'n dod ar draws ein gilydd lot, nid dim ond gydag athletau, ond yn y Gymdeithas Gymraeg a'r grŵp opera yn yr ysgol hefyd. Chwarae teg, roedd digonedd i'w wneud – côr, cwmni drama, grŵp Noson Lawen – roedden ni wrthi 'da rhywbeth drwy'r amser. Yn ysgol Ystalyfera ar y pryd, roedd llain o dir oedd yn cael ei alw'n 'the Arches', ac os oeddech chi'n mynd mas 'da rhywun, lawr i fan 'na byddech chi'n mynd i gwrdd ag e amser cinio – lle'r cariadon oedd e. Roedd rywbeth sbeshal iawn am gael bod yn un o'r bobl oedd yn mynd i'r Arches – prawf eich bod yn cŵl. Roedd cael cwrdd â Ian – a chael fy ngweld yn cwrdd ag e – yn yr Arches yn bwysig i fi. Ond fel oedd pethau bryd 'ny, a'r ddau ohonon ni'n byw bywyd llawn, doedd dim amser i'w wastraffu ar fod yn *serious* 'da neb. Ddriffton ni ar wahân a weles i ddim ohono am rai blynyddoedd. Ond fe gwrddon ni eto ar ôl nifer o ddegawdau, pan oedd lot fawr o ddŵr wedi mynd dan lot fawr o bontydd.

Doedd Daddy ddim yn rhy hapus 'da'r un o'r bois ddes i ag e gatre – doedd neb yn ddigon da i'w dywysoges fach e. Er ei fod e'n bopeth i fi ar y pryd, 'that long streak of misery' oedd un crwt arbennig i Daddy am ryw reswm. Roedd enwau 'dag e iddyn nhw i gyd. 'Moses' alwodd e ar un sboner â barf, a 'Barnacle Bill' oedd un arall, oedd yn digwydd bod yn forwr. Ond nag oedd hynna'n stopo fi rhag cewcan 'da hwn a'r llall – roedd raid i Daddy ddod i arfer â'r peth.

Ond ar y cyfan, roedd Daddy a fi'n agos iawn. Roedd diléit mawr ganddo mewn garddio, ac fe ddysgodd e lawer iawn i fi yng ngardd fawr y Pant, lle roedd llysiau o bob math yn tyfu, ac wy'n dal i ddefnyddio'r sgiliau a'r arferion ddysgodd e i fi hanner canrif a mwy yn ôl, a hynny wrth dyfu llysiau yn ôl yn yr un ardd, bellach. Fi oedd cannwyll llygad Daddy, ac wy'n credu taw dim ond unwaith wnes i gwmpo mas 'dag e'n iawn, a hynny, fel mae'n digwydd, pan oedden ni'n garddio. O'n i yn fy arddegau – yn ddigon hen i fynd i'r clwb rygbi – ac roedd Daddy a fi wedi bod yn gweithio drwy'r dydd yn gwneud rhych o gidni bêms. Erbyn yr oedran yna, roedd gen i bethau gwell i'w gwneud na slafo yn yr ardd, diolch yn fawr, ond doedd iechyd Daddy ddim yn wych, a'i ddiabetes yn rhoi problemau iddo, felly roedd angen dipyn o help arno. Roedd hi'n boeth, ro'n i'n chwysu ac roedd Daddy fel rhyw *supervisor* yn rhoi'r ordors. Tua diwedd y pnawn, da'th e draw, edrych ar y rhych, a dweud wrtha i, 'That's not straight.' Os do fe – sythes i, troi i'w wynebu fe, edrych i fyw 'i lygaid a dweud, 'Well, do it your fucking self, then!' a thowlu'r rhaw i'r naill ochr. O'n i'n wynad. Edrychodd e

draw at Mam yn ei syndod: 'Did you hear what she said, Bess?'
'Yes,' atebodd hithau, 'and you deserved it, Don.' Chwarae teg
i Mam am gadw fy ochr i. Trois i 'nghefn ar yr ardd, mynd i
mewn i'r tŷ, yn syth i'r bath a mas am y nosweth i'r clwb rygbi.
One–nil i fi, ond reges i fyth arno fe wedyn.

Ar ôl blynyddoedd o fod yn unig blentyn, pan o'n i'n bedair
ar ddeg oed, yng nghanol gwres mis Awst, ganwyd brawd bach
i fi, Michael John Rhys. Fi oedd am ei alw fe'n Michael, am
'mod i'n meddwl bod yr enwau Marion a Michael yn swnio'n
dda gyda'i gilydd. Dewis Daddy oedd John, a Rhys oedd enw
Tad-cu. Roedden ni i gyd wedi dwlu, ond roedd syndrom Down
ar Michael druan, ac ar ben hynny, roedd ei galon e'n wan. Un
bach digon gwantan oedd e felly, ond bydden i'n canu iddo
drwy'r amser – 'Moon River' oedd y gân arbennig oedd 'da fi
iddo. Roedd Daddy wrth ei fodd i gael mab, ond falle ein bod ni
i gyd yn gwybod nad oedd llawer o obaith i Michael bach dyfu'n
fachgen mawr. Ac er iddo gael gofal tyner a llond gwlad o gariad
'da ni i gyd, yn anffodus, dim ond am ychydig fisoedd oedd e
gyda ni, a bu farw ym mis Rhagfyr yr un flwyddyn. Fydden ni
wedi rhoi unrhyw beth i'w gael e 'nôl, ac roedd pethau cymaint
â hynny'n waeth gan fod Mam a Daddy'n torri eu calonnau.
Wy'n credu bod gweld eu galar nhw wedi fy ypsetio i'n fwy na'r
golled ei hun. Michael bach annwyl – anghofia i fyth mohono
fe, a wy'n dal i deimlo'r golled.

O dro i dro, byddai Mam a Daddy'n mynd ar wyliau, jest
y ddau ohonyn nhw, a phan fyddai hynny'n digwydd, bydden
i'n mynd i aros gydag Anti May ac Wncwl Tom. Roedd hyn
yn y cyfnod pan oedd *package holidays* yn dechrau, ac am
y tro cynta, roedd cyfle i bobl gyffredin fynd dramor. Ond
ro'n i'n rhy brysur yn mwynhau fy hun yng Nghwmllynfell

i fynd bant – roedd bechgyn, dramâu, chwaraeon a phob
math o bethau eraill yn mynd â 'mryd i, a dim amser i'w
wastraffu'n mynd i ffwrdd. Chwarae teg i Anti May ac Wncwl
Tom, roedden nhw'n ddigon parod i 'nghroesawu i i'w cartref.
Ro'n i'n hoff iawn ohonyn nhw – roedd Anti May fel dol fach,
gyda'i gwallt du, du, ei cholur gwyn, gwyn a'i bochau bach
coch. Roedd bocs bach cardbord crwn o *rouge* ganddi, a *puff*
powdwr bach, ac roedd hi'n ei roi'n ddau gylch ar ei hwyneb.
Yng Nghoedffalde roedden nhw'n byw, ryw ddwy filltir o
Gwmllynfell, ac yn ddigon agos i gerdded. Mae'n debyg y
bydden ni'n eu galw nhw'n ecsentrig heddiw, ond ar y pryd,
roedd y croeso i fi yn eu cartref nhw a'u mab Uriel yn golygu
nad o'n i'n poeni'n ormodol am y toiled yng ngwaelod yr ardd
oedd â phlancyn o bren dros y bwced, nac yn sylwi ar y papur
newydd oedd wedi'i osod yn ofalus dros yr holl gelfi glas,
melfed, hyfryd yn y parlwr gorau i'w hamddiffyn rhag y baw
a'r haul – ystafell nad oedd gen i hawl i fynd iddi. Roedd papur
newydd ar hyd y llawr rhwng yr ystafelloedd i gyd hefyd.

Doedd dim dal beth fyddai Anti May yn ei wneud i de.
Unwaith, des i 'nôl o'r ysgol, a dyna lle roedd hanner tomato,
ychydig bach o samwn tun a thafell fach denau o fara menyn ar
blât. 'Bwytwch lond bola nawr!' meddai hi wrth i fi ddod drwy'r
drws. Dro arall, ges i lond bowlen o bys a dim byd arall i swper.
Wrth i Wncwl Tom fynd yn hŷn, a'i iechyd yn pylu, roedd
ganddo *spittoon* wrth ochr y tân, a byddai e'n anelu ei boer ato
ar unrhyw adeg, dim ots pwy oedd yno'n ymweld. Flynyddoedd
yn ddiweddarach, pan es i i ddweud wrthyn nhw 'mod i'n
disgwyl babi, edrychodd Wncwl Tom yn syn arna i a holi, 'Pwy
ishe plant sy arnoch chi?' Cwpwl hyfryd, ond do'n i byth yn
siŵr iawn beth oedden nhw am ei ddweud na'i wneud nesa.

Drwy gydol fy mhlentyndod, roedd Cwmllynfell yn ferw
o glybiau a chymdeithasau, a phawb yn mynd a dod rownd
y ril. Cerddoriaeth oedd yr elfen ganolog yn y rhan fwya o'r
gweithgareddau hyn. Y cynhyrchiad cynta fues i'n rhan ohono,
gyda'r Band of Hope yn yr eglwys, a finnau'n groten fach tua
wyth oed, oedd *Mayday in Welladay*, 'a humorous and fanciful
operetta in three acts'. Chofia i ddim llawer am y gwaith ei
hun, ond o'n i wir yn credu 'mod i'n rhywbeth sbeshal iawn,
achos nid yn unig o'n i'n un o'r tylwyth teg, ond o'n i hefyd yn
un o'r sipsiwn, yn cael dawnsio o gwmpas y polyn haf, ac o'n i
yn y côr. Ond y peth wnaeth yr argraff fwya arna i oedd gweld
Jocelyn Thornton wedi'i gwisgo fel y *Fairy Queen*, a'r merched
mawr eraill yn y prif rannau, yn edrych mor *glamorous*. Doedd
dim dwywaith 'mod i wedi syrthio mewn cariad â holl hud y
perfformio, ac o'n i'n gwybod taw dyna lle o'n i am fod – ar y
llwyfan, yn chwarae'r brif ran.

Pennod 4

Erbyn iddi ddod yn amser i fi feddwl o ddifri beth o'n i am ei wneud ar ôl gadael ysgol, ro'n i'n gwybod taw i'r byd perfformio o'n i am fynd. Doedd Mam a Daddy ddim mor frwd, a dweud y lleia. Doedd y syniad o fynd i fyd mor ansicr ddim yn plesio o gwbwl, a doedd dim symud arnyn nhw. Ond o weld mor daer o'n i dros y fy mreuddwyd, fe ddaethon ni i gyfaddawd. Bydden i'n mynd i'r coleg i astudio i fod yn athrawes, ac wedyn byddai sgil gyda fi wrth gefn – ie, yr un hen gân.

Y cwestiwn nesa oedd i ble fydden i'n mynd i astudio. Ro'n i wastad wedi hoffi Bangor a Chaernarfon – roedden ni'n ymweld â'r ardal yn aml pan o'n i'n fach – felly roedd coleg Bangor yn fy nenu. Bryd hynny, roedd Coleg y Santes Fair yn cynnal cyfweliadau yng ngwesty'r Grand yn Abertawe, felly es i lawr i weld beth oedd 'da nhw i'w gynnig. Yno, cwrddes i â merch o'r enw Dianne Selick o Sgeti, Abertawe, a chlicodd y ddwy ohonon ni ar unwaith. Ychydig fisoedd yn ddiweddarach, roedd y ddwy ohonon ni'n dechrau ar y cwrs ym Mangor, ac ar dair blynedd o'r hwyl ryfedda. Chymerodd hi fawr ddim amser i fi setlo yn y coleg, a gwneud ffrindiau sydd wedi para hyd heddiw.

Cymraeg a Saesneg oedd y pynciau o'n i'n eu hastudio, gydag ychydig bach o Gelf. Saesneg oedd orau 'da fi, a fi gafodd y marc ail orau yn y flwyddyn yn yr arholiadau. Ro'n i mor falch. Ac wrth gwrs, roedd yr ymarfer dysgu'n sylfaen i'r cyfan.

Fues i mewn nifer o lefydd dros y tair blynedd – ysgol fach yn
Nolgellau sydd wedi cau erbyn hyn, yna ym Mhenmaenmawr ac
mewn ysgol yn Selly Oak, Birmingham hefyd. Roedd y plant yn
wahanol iawn ym mhob ysgol, ond eto'n debyg iawn i'w gilydd
mewn llawer o ffyrdd. Plant yw plant, ondife? Roedd un crwtyn
bach arbennig yn Selly Oak o'r enw Ludwig Davies. Duw help
Ludwig bach, doedd dim llawer o allu 'dag e, ond roedd e'n
annwyl dros ben, yn grwtyn ffein. Wrth ddod i nabod plant,
mae'n bwysig dod o hyd i bwnc sy'n eu diddori nhw fel bod
nhw'n gallu dweud neu ysgrifennu ambell frawddeg amdano.
Y peth pwysica i Ludwig oedd llygoden fach roedd yn ei chadw
mewn caets. Roedd e'n sôn amdani byth a hefyd, yn disgrifio
sut roedd e'n ei bwydo hi ac yn glanhau'r caets – roedd e wrth
ei fodd â hi. Awgrymais i y byddai'n syniad da dod â hi i'r ysgol
un diwrnod, i'r dosbarth gael ei gweld hi. Fel mae'n digwydd,
y diwrnod ddaeth Ludwig â'r llygoden i mewn oedd yr union
ddiwrnod roedd un o'r darlithwyr yn dod i weld sut o'n i'n
ymdopi yn y dosbarth. O fewn ychydig funudau iddo gyrraedd,
dyma waedd o ben draw'r ystafell: 'Miss, Miss, Miss, there's
something happening to the mouse – the mouse, Miss!' Wel,
draw â fi, a dyna lle roedd y llygoden wrthi'n geni llygod bach,
a'r plant i gyd yn rhuthro i gael golwg. Beth allen i ei wneud ond
troi'r wers yn sesiwn natur, a gath y plant ddysgu dipyn yn fwy
nag o'n i wedi'i fwriadu y bore hwnnw.

Er bod digon o hwyl i'w gael 'da'r plant ar yr ymarfer dysgu,
doedd hwnnw'n ddim o'i gymharu â'r sbri o'n i'n ei gael y tu
allan i'r gwaith academaidd. 'Ma' oedd pawb yn fy ngalw i –
nid am 'mod i'n famol, ond am taw Marion ydw i – a byddai
Di a Ma i'w gweld ym mhob parti ac yng nghanol unrhyw
weithgaredd. Oedd, roedd y cyswllt a ddechreuodd yn y Grand

yn Abertawe rhwng Dianne Selick a fi wedi cryfhau, a hi oedd
fy ffrind gorau drwy'r cyfnod yn y coleg. Roedden ni'n rhannu
ystafell fach oedd fwy fel cwpwrdd yn ystod y flwyddyn gyntaf,
ond yn yr ail flwyddyn, symudon ni i hostel lle roedd gyda ni
ystafell yr un, ond roedden ni'n ddigon agos at ein gilydd o hyd,
ar draws y coridor. Roedd bariau ar y ffenestri gan ein bod ar
y llawr gwaelod, ond chawson ni erioed wybod ai ein cadw ni
i mewn neu gadw dynion mas oedd eu pwrpas. P'un bynnag
oedd e, weithiodd e ddim, ta beth.

Coleg eglwysig oedd Coleg y Santes Fair, ac felly roedd
y drefn yn ddigon caeth. Mae meddwl am yr holl rheolau
hyn heddiw yn codi gwallt fy mhen – maen nhw'n perthyn
i oes arall. A dweud y gwir, roedden nhw'n henffasiwn hyd
yn oed bryd hynny. Doedd dim hawl gwisgo jîns na threnyrs
i'r darlithoedd, ac yn sicr, doedd dim alcohol i fod ar dir y
coleg. Roedd raid i ni fod yn ôl yn ein stafelloedd erbyn deg
o'r gloch y nos, a hanner awr yn hwyrach ar nos Sadwrn, neu
un ar ddeg os oedden ni'n mynd i ddawns wedi'i threfnu gan
y brifysgol. Doedd dim hawl o gwbwl 'da ni i gael dynion yn
ein stafelloedd. Roedd raid cael caniatâd i adael y coleg dros y
penwythnos, a doedd dim hawl gyda ni i fod yn rhan o wythnos
Rag y Coleg – wedi'r cyfan, *ladies* oedden ni, a doedd *ladies*
ddim yn gwneud dim byd mor gomon.

Ond a ninnau'n griw o ferched ifanc dyfeisgar, yn fuan
iawn roedden ni'n arbenigwyr ar ddod o hyd i ffyrdd i blygu'r
rheolau, ac yn sicr doedden ni ddim am adael i fân bethau mor
henffasiwn ddifetha'n hwyl ni. Roedd bywyd yn un rhuthr
prysur. Roedd darlithoedd yn ystod y dydd, a gwaith paratoi
gyda'r nos, ond am naw o'r gloch ar ei ben, roedd hi'n *down
tools*, a phawb yn rhuthro i'r dafarn am ddrinc a 'nôl cyn bod

y drysau'n cloi am ddeg. Mae Bangor yn lle braf, ac mae gen i
atgofion melys o grwydro'r dref mewn pob math o dywydd, ac
un wâc oedden ni'n ei fwynhau bob amser oedd i ben draw'r
pier i fwynhau mygaid o de a'r olygfa odidog.

   Un ddyletswydd gymerodd Di a fi ati yn y coleg oedd bod
yn *church acolytes*. Roedd hyn yn golygu ein bod yn gorfod
mynd i'r eglwys yn gynnar bob bore Sul i osod y *vestments*
allan i Father Dobbs, a'i helpu fe i osod y cymundeb yn barod
at y gwasanaeth boreol. Roedd sawl achlysur pan gawson
ni fwy na'n siâr o win y cymun, rhaid cyfadde, ac unwaith,
aeth Di 'bach yn rhy bell, a'i arllwys lawr fy nghorn gwddw i.
Gwasanaeth i'w gofio oedd hwnnw.

   Er gwaetha'r rheol am fod yn ôl yn yr ystafell erbyn deg, a
bod angen codi'n gynnar bob bore Sul, lwyddon ni i gael amser
digon gwyllt, a phan wy'n meddwl 'nôl nawr am rai o'r partïon
a'r nosweithiau gethon ni, sai'n gwbod o ble roedden ni'n cael
yr holl egni. Ond ambell waith, roedden ni'n ddiniwed hefyd.
Ar un adeg, roedd Di yn mynd mas 'da rhyw foi o'r enw Emyr,
oedd yn gwerthu hufen iâ o flaen y castell yng Nghaernarfon,
a soniodd e un noson fod 'na barti mawr yn rhywle yn y wlad,
ac y dylen ni i gyd fynd. Sai'n cofio pwy oedd 'da fi'n gwmni
– roedd wastad rhyw foi neu'i gilydd 'da fi *in tow* – ond doedd
dim ond angen dweud y gair 'parti', ac roedd Di a fi yno fel
siot. Bant â ni yn hen gar Mini Emyr, yn canu'r holl ffordd,
siŵr o fod. Erbyn i ni gyrraedd, roedd yn barti digon hwyliog,
er bod cymysgedd o bobl eitha rhyfedd yna – lot o bobl â
sgarffiau *chiffon* a rhyw dlysau hipïaidd, ond digon cyfeillgar.
Doedden ni ddim yn nabod fawr neb, ond â'r goleuadau'n
isel, y gerddoriaeth yn gefndir a digon o ddiod, ddechreuon ni
enjoio'n hunain yn braf. Ond wrth i'r noson fynd yn ei blaen,

sylwon ni fod pobl yn diflannu bob yn dipyn. Welon ni fod
rhywrai'n mynd lan llofft, felly dilynodd Emyr nhw a gofyn
beth oedd yn mynd ymlaen. 'Oooh darling,' medde un ohonyn
nhw, 'do come upstairs, and bring your friends. We're all
starting to get undressed now ...' Wel, fe lamodd Emyr lawr y
grisiau, yn wyn fel y galchen, a bant â ni yn y Mini bach 'nôl i
Fangor ar unwaith. *Swinging Sixties* neu beidio, roedd ambell
beth yn ormod i ni, hyd yn oed.

Roedd y rhyddid ar ddiwedd y chwedegau i ferched ifanc
oedd i ffwrdd o gartre am y tro cynta yn wahanol i unrhyw beth
oedd wedi bod o'r blaen, ac roedd criw Bangor yn manteisio
arno bob gafael. Ar ddechrau'r flwyddyn gynta, roedd pawb yn
cael eu hala i gofrestru gyda'r doctor. Aethon ni i gyd yn ein tro
i gael apwyntiad gyda'r hen Dr Christie, a'r peth cynta fyddai
e'n ei wneud oedd ein rhoi ni ar y bilsen, heb i neb hyd yn oed
ofyn. Doedd e ddim yn ein nabod ni, ond roedd e'n dweud
yr un peth wrth bawb: 'I suggest that you should start taking
these.' Ar wahân i hynny, doedd fawr o ofal meddygol yn y
coleg – os bydden ni'n teimlo'n dost, dim ots beth oedd achos y
salwch, byddai'r nyrs yn rhoi moddion peswch i ni, a dweud y
bydden ni'n gwella'n ddigon buan. A chwarae teg, roedden ni i
gyd yn cadw'n eitha iach hefyd.

'Wy wastad wedi bod yn un sy'n hoffi dillad a steil, ac roedd
y chwedegau'n gyfnod lle roedd dillad, gwallt a shwd roeddech
chi'n edrych yn bwysig. Roedd gen i lawer o ddillad yn steil
Mary Quant – mae rhai ohonyn nhw'n dal yn y tŷ gen i heddiw,
er sai 'di gwisgo nhw ers degawdau – ac wedyn dyna'r ffrogiau
crochet a'r sandalau Rhufeinig oedd â lasys hir yn clymu rownd
y goes. Roedd Di yn wniadwraig ardderchog. Roedd hi wrthi
byth a hefyd yn gwneud dillad iddi ei hun, ac i fi hefyd, oedd yn

dipyn rhatach na phrynu rhai newydd. Un penwythnos, roedd
'na ryw noson mas wedi'i threfnu, a nag o'n i'n hapus â dim o'r
dillad oedd 'da fi. Doedd hynny ddim yn broblem i Di – aeth
ati yn y bore i wneud ffrog werdd i fi, ac roedd hi'n barod i fi ei
gwisgo erbyn i ni fynd mas y noson honno. Dyna pa mor dda
oedd hi. Ac nid rhyw gerpyn di-siâp oedd e chwaith – ddaeth
y ffrog yna'n ffefryn fawr, a wisges i hi nes ei bod hi'n cwympo
oddi ar fy nghefn i.

Roedd y gwallt yn bwysig hefyd, a bydden ni i gyd yn gwisgo
switch, sef gwallt ffug roeddech chi'n ei binio ar eich pen i roi
uchder a llawnder i'ch gwallt eich hunan. Yn ystod gwyliau'r
coleg, ro'n i'n gweithio yn y Central Café yn Rhydaman ac yn
nhafarn y Red Cow ar yr High Street yn Abertawe. Bydden
i'n mynd i'r siop trin gwallt yn Rhydaman ar ddydd Sadwrn,
a bydden nhw'n rhoi fy ngwallt i lan yn uchel fel Bet Lynch,
wedyn ar y dydd Mercher canlynol, bydden i'n mynd 'nôl i gael
comb-out, a'i dacluso.

Ddysges i lawer am fywyd drwy weithio yn y Red Cow –
tafarn *spit and sawdust* os buodd un erioed. Roedd Daddy yn
yr ysbyty gyda'i ddiabetes un tro, ac yn y gwely nesa ato roedd
dyn o'r enw Bill Brookman, perchennog y dafarn. Roedd e'n
edrych am *barmaid*, a thrwy Daddy, gynigiodd e'r swydd
i fi. Er, nagw i'n siŵr fyddai Daddy wedi bod yn fodlon i fi
fynd i weithio 'na tase fe'n gwybod am bopeth oedd yn mynd
ymlaen. Roedd cwpwl o buteiniaid yn dod i mewn i'r *lounge*
yn rheolaidd – *ladies of the night* bydden ni'n eu galw nhw.
Chwarae teg, doedden nhw ddim yn trafferthu neb, dim ond
cwrdd â'u cleientiaid yna. Roedd y bar yn un hir, pren oedd yn
rhedeg drwy'r ddwy ystafell, fel oedd yn arferol mewn tafarndai
henffasiwn, ac roedd y cwsmeriaid rheolaidd i gyd â'u stolion

a'u seddi eu hunain. Ddes i'n dipyn o ffrindiau â nifer ohonyn nhw, a bydden nhw'n ysgrifennu ata i neu'n ffonio am sgwrs pan o'n i'n mynd 'nôl i'r coleg. Ond dyna i chi fenyw oedd Mrs Brookman, gwraig y landlord. Roedd ganddi sboner bach, sef ei *accountant*, ac roedd y ddau ohonyn nhw'n ddigon powld – ddim yn becso dim pwy oedd yn eu gweld nhw.

Roedd y dafarn yn cynnig bwyd, ond fydden i ddim wedi bwyta yna hyd yn oed os nad oedd un briwsionyn ar ôl yn unlle arall yng Nghymru. Byddai prydau fel sosej, *chops* oer, peis a phastis yn cael eu gosod ar blât a'u rhoi ar ben y bar. Bob cyfle fydden i'n ei gael, bydden i'n eu rhoi nhw 'nôl yn y *chiller*, achos roedd nifer o gathod yn y dafarn fyddai'n cerdded dros y bar, dros y bwyd, ac i bob man. Weles i fwy nag un gocrotshen yn cripad ambiti'r lle hefyd. Ond gynted o'n i'n eu symud nhw, byddai Mrs Brookman yn gosod y platiau 'nôl yng nghanol y budreddi – wedi'r cyfan, os nag oedd y cwsmeriaid yn gallu gweld y bwyd, fydde fe ddim yn gwerthu, fydde fe?

Un diwrnod, ar shifft prynhawn neu'n gynnar gyda'r nos, ro'n i yn y dafarn ar fy mhen fy hunan, a daeth rhyw ddyn bach digon di-sut i mewn. Ro'n i'n gyfarwydd ag e – roedd e bob amser yn gwisgo het trilby ac yn yfed potel o Manns Brown. Wel, wrth i fi estyn am y botel, yn sydyn iawn, cydiodd e ynddo i'n dynn, fy nhynnu lan ar ben y bar a gwneud ei orau i 'nghusanu i. Diolch i'r drefn, daeth Bill Brookman Junior i mewn ac achub y dydd. Fe gafodd ei wahardd o'r dafarn, a welais i fyth mohono wedyn, diolch byth. Mae'r hen dafarn wedi mynd nawr – does dim syndod am hynny – ac erbyn hyn, mae'r adeilad yn gartre i un o dafarnau hoyw High Street.

Ar wahân i'r gwaith a'r partis gwyllt ym Mangor, nes i'n siŵr hefyd 'mod i'n ymuno â'r grŵp drama, oedd yn perfformio'n rheolaidd. Roedd hwn yn gyfnod creadigol iawn, a'r myfyrwyr wastad yn edrych am yr her nesaf ac yn cael mwynhad mawr o greu gyda'n gilydd. A finnau wedi mwynhau canu ar hyd fy oes, doedd dim syndod i fi ymuno â grŵp canu hefyd, a chynnal ambell i gyngerdd 'da nhw.

Er nad o'n i'n astudio ymarfer corff, ro'n i'n dal i redeg. Roedd y pwnc yn rhan o gwrs rhai o'r merched eraill, ac roedd y rhain, â'u cyrff athletaidd, eu gwallt *blonde* hir a'u *airs and graces*, yn meddwl eu bod nhw'n sbeshal ac yn gwybod mwy na neb am chwaraeon o bob math. Mewn un ras, ro'n i'n benderfynol nag oedd y criw yma'n mynd i 'nghuro i, felly dafles i bopeth oedd 'da fi mewn iddi, a rhedeg ffwl pelt. O'n i mor browd pan gyrhaeddes i'r llinell derfyn o flaen pawb arall, ond yn anffodus, ro'n i'n mynd mor glou, o'n i'n ffaelu stopo, a chariais mlaen i redeg – yn syth mewn i wal. Ond credwch fi, roedd hi'n werth cael dwy lygad ddu a braich mewn sling am wythnos am 'mod i wedi dangos i'r lleill 'mod i gystal â nhw bob tamed.

Daddy a Mam ar ddiwrnod eu priodas, 3 Awst 1946, Porthcawl

Mam yn ifanc

Daddy'n edrych yn hynod o smart

Tad-cu a Nana, Rhys ac Agnes Thomas

Wncwl Kenneth

Anti May a Wncwl Tom

Wncwl Eric

Wncwl Lyn

Y Pant, Cwmllynfell

Mam, Daddy a fi

Daddy yn yr opera *Maid of the Mountain*

Daddy, Mam a fi – a pharot o rywle!

Mam a Daddy yng ngardd y Pant

Fi'n dechrau tyfu lan
yn nyddiau'r ysgol

Dyddiau coleg

Cyfnod cynnar dyddiau dysgu

Darpar actores

Yn *The White Horse Inn* yn nyddiau
Cwmni Opera Cwmllynfell

Yn fy hoff gynhyrchiad, *The Student Prince*

Cast *Rio Rita* gan y Cwmni Opera

Pennod 5

Maen nhw'n dweud bod amser yn mynd yn gyflymach wrth i chi fynd yn hŷn, ond wy'n dal ffaelu credu pa mor glou aeth y tair blynedd fues i ym Mangor. Roedd y coleg a'r holl sbort a'r profiadau gwirioneddol wych wedi agor fy llygaid a fy meddwl, ac roedd y ffrindiau wnes i yno'n rhai triw a ffyddlon. Mae Di a fi'n dal i fod yn ffrindiau agos hyd heddiw, ac mae'n byw jest lawr y ffordd fwy neu lai, ym Mhontardawe.

Wrth i fi adael Bangor, o'n i'n reit siŵr y byddai'r byd mawr yn agor o mlaen i. Ond beth o'n i'n mynd i'w wneud? Ar actio oedd fy mryd, ond y gwir amdani oedd fod raid i fi ddod o hyd i swydd deidi fyddai'n fy nghynnal i. Roedd Llundain yn denu – dyna lle roedd popeth yn digwydd, wedi'r cyfan, a gwnes i gynnig am swydd yno, yn llawn cynlluniau i weddnewid y byd, ond, yn anffodus, ches i ddim ohoni. Wel, Llundain oedd ar ei cholled, meddyliais i – man a man i fi fynd 'nôl i Gwmllynfell.

Felly, dyna ni, yn ôl i 'nghynefin, at swydd ddysgu yn Ysgol Trebanos dan y prifathro David Jenkins, a symud 'nôl i fyw at Mam a Daddy. Yn digwydd bod yn dysgu yn yr ysgol yr un pryd â fi roedd Eifion Price, aelod o grŵp Jac y Do yn ddiweddarach. Roedd croeso i fi gartre, wrth gwrs, ac ro'n i wrth fy modd i fod 'da fy rhieni unwaith eto, ond erbyn eich bod yn eich ugeiniau cynnar, yn enwedig ar ôl cael tair

blynedd i ffwrdd, un o'r pethau ry'ch chi eisiau yw allwedd i'ch
drws eich hunan, a lle sy'n eiddo i chi a neb arall. Wedi dweud
hynny, roedd Mam a Daddy'n dda iawn, achos roedd yn newid
byd iddyn nhw hefyd. Ro'n i wedi bod bant ers sbel, wedi'r cyfan,
ac roedden nhw wedi cael cyfle i gael bywyd ychydig tawelach a
llai bishi, a dyma fi nawr, y corwynt, yn dod adre. Ond chwarae
teg, doedden nhw byth yn gofyn i fi i ble ro'n i'n mynd, na phryd
o'n i am ddod gartre – jest derbyn 'mod i yna weithiau, ond yn
amlach na pheidio mas yn gwneud rhywbeth. Achos ar ôl bod
yn ôl am gyfnod bach, er bod swydd lawn amser gen i, roedd
y perfformio'n galw, ac fe ymunais â Chymdeithas y Ddrama
Gymraeg yn Abertawe a chwmni opera Cwmllynfell. Ro'n i hefyd
yn is-warden clwb ieuenctid y pentre, felly roedd angen hebrwng
y plantos hynny 'nôl a mlaen i bob math o dwrnameintiau *darts*
a *pool*, cystadlaethau drama a gweithgareddau di-ri.

O blith yr holl weithgareddau oedd mlaen yng
Nghwmllynfell, y Cwmni Opera, heb unrhyw amheuaeth, oedd
yr un mwya poblogaidd, ac roedd pawb yn y pentre, bron iawn,
yn rhan ohono mewn rhyw fodd neu'i gilydd.

Ro'n i wedi tyfu lan yn sain y cwmni opera, achos roedd
Daddy wrth ei fodd yn canu gyda nhw, felly roedd yn gwbwl
naturiol i fi ymuno â'r Cwmni pan benderfynwyd ei atgyfodi
yn 1969. Er bod pob math o ddigwyddiadau'n cael eu trefnu
yn y capel a'r eglwys, a bod sinema a chwmni drama bach yn y
pentre hefyd, yr opera oedd yr uchafbwynt, ac roedd wythnos
o berfformiadau'n cael ei chynnal yn neuadd y pentre bob
blwyddyn. Roedd y neuadd yn dal dros 600 o bobl – lan at
650 pan fyddai galw mawr – a byddai pobl yn sefyll yn y cefn i
wylio'r perfformiad, hyd yn oed. Roedd hi dan ei sang bob nos,
a phobl yn teithio o bell i'n gweld ni.

Roedd yr ymarferion yn dechrau yn y gaeaf, a'r cwmni'n cyfarfod yn y neuadd bob wythnos, a bois bach, roedd hi'n oer yno ym mis Ionawr a mis Chwefror, alla i ddweud wrthoch chi. Ond roedd y cyfan yn werth y gwaith caled erbyn y gwanwyn a mis Ebrill, pan fyddai popeth arall yn y pentre'n dod i stop.

Y *committee* fyddai'n dewis yr opera bob blwyddyn, a byddai cryn aros i glywed beth fydden ni'n ei berfformio. Yr un cynta i fi fod yn rhan ohono oedd *The Count of Luxembourg*, a daeth nifer o rai eraill ar ôl honna – *The Student Prince, Rio Rita, The Belle of New York, White Horse Inn* a *Desert Song* (neu *Dessert Song* fel byddai rhyw wag yn siŵr o'i ddweud bob tro). Roedd y safon yn uchel – fyddai pobl ddim wedi trefnu bysus o bell fel arall – ac roedd yr hwyl oedd i'w gael yn yr ymarferion ac yn y perfformiadau'n ein cadw ni i gyd i fynd.

Roedd y tynnu coes a'r chwerthin yn rhemp. Mewn un olygfa yn *The Student Prince*, roedd dynion y corws yn gorfod yfed llwncdestun i'r tywysog. Roedd gofyn iddyn nhw godi eu mygiau'n uchel ac yna eu hanelu i lawr at eu cegau i esgus yfed. Mewn un perfformiad, penderfynodd rai o'r menywod (Mari ac Audrey, os cofia i'n iawn) roi diod go iawn yn ambell un o'r *tankards*, felly wrth droi'r mygiau i esgus yfed, dyma'r dynion druan i gyd yn cael sociad go dda. Byddai Audrey (eto!) a Madge hefyd yn symud y props i siwtio'u perfformiadau nhw – gwedwch fod bord fach i fod ar y llwyfan, ond ei bod yn eu ffordd, bant â hi, felly pan oedd angen i gymeriad arall osod rhywbeth ar y ford, doedd dim golwg ohoni. Ac roedd y dynion yn gallu bod yn ddigon direidus hefyd – gofia i un creadur druan yn ceisio cerdded ar draws y llwyfan heb sylweddoli bod rhywun wedi clymu lasys ei sgidiau wrth ei gilydd, ac yntau felly â dim gobaith mynd dim pellach nag un cam cyn syrthio

ar ei hyd. Wy'n meddwl taw *The Student Prince* oedd fy ffefryn
i o'r holl gynyrchiadau, a fi oedd yn chwarae rhan Princess
Margaret. Am ryw reswm, roedd Denz, ffrind Daddy, yn
mynnu ei galw hi'n 'Princess Margaret Alexia Victoria Eugenia
Elizabeth Marie – neu Mari Biscuits'.

Roedd dipyn o gystadleuaeth ymhlith aelodau'r cwmni
hefyd – pwy oedd â'r llais gorau, a phwy oedd yn cael sefyll
agosa at flaen y llwyfan i gael eu gweld. Roedd cryn ymladd
dros y gwisgoedd, yn enwedig ymhlith y *ladies of the chorus.*
Ond roedd y teimlad o gymuned a chydweithio i greu rhywbeth
yn rhyfeddol. Roedd pawb yn gwneud tipyn bach o bopeth.
Wy'n cofio paentio'r set un flwyddyn, ac roedd safon y sgiliau
ymarferol a'r gwaith llaw crefftus yn ddigon o ryfeddod.
Serch hynny, doedd pethau ddim yn mynd yn llyfn bob tro.
Un flwyddyn, cafodd Malcolm Norman sioc drydan gas
pan gydiodd e yn un o'r goleuadau yng nghefn y llwyfan ar
ddamwain ag yntau ddim yn gweld yn glir yn y tywyllwch.
Diolch i'r drefn, doedd dim sôn am *health and safety* bryd
hynny, neu bydden ni wedi gorfod cau'r siop, yn saff i chi.

Bessie Morris oedd Cadeirydd y cwmni, neu *Madam
Chairwoman* fel bydden ni'n ei galw hi. Roedd steil yn perthyn
i Bessie, oedd bob amser mewn cot ffwr a *pearls* – ledi go iawn,
ac actores dda hefyd, chwarae teg iddi. Roedd hi, a nifer o'r
lleill, yn aelod o'r cwmni gwreiddiol pan oedd Daddy'n canu 'da
nhw, ac roedd y cynyrchiadau hyn yn ei gwaed.

Oherwydd natur gwersi canu Wncwl Davey, roedd fy llais
i braidd yn wan, ond eto i gyd, ges i ran dda bob tro. I geisio
cryfhau'r llais, ddechreues i gael gwersi yn Rhydaman gan
Madame Holloway Morgan. Wel, dyna fenyw – doedd hi'n
ddim mwy o Fadame na beth o'n i, ond roedd hi'n gymeriad a

hanner. Roedd hi'n lliwio'i gwallt yn goch goch, a bob amser yn
ei dal ei hun fel ledi – glywes i hi'n cael ei disgrifio fel menyw
well-corseted – ond chwarae teg, fe wnaeth hi lot i fy helpu 'da'r
canu.

Roedd galw mawr am y tocynnau gynted roedden nhw'n
mynd ar werth, ac roedd rhestr aros bob tro. Roedd pobl yn
heidio mewn bysus o drefi a phentrefi fel Aberdâr, Clydach,
Cwmtwrch a Rhydaman. Roedd y plant ro'n i'n eu dysgu yn
edrych ymlaen bob blwyddyn ac yn holi dros y misoedd beth
oedden ni'n ei berfformio, a byddai llond bws ohonyn nhw'n
dod i'n gweld ni ar y noson gynta – fi oedd yn cael y *cheers*
mwyaf y noson honno, yn ddi-ffael. Mae'n anodd credu'r peth
heddiw, ond nid ni oedd yr unig gwmni yn yr ardal, chwaith.
Roedd pentre Brynaman hefyd yn cynnal sioeau, ac roedd 'na
dipyn o gystadleuaeth rhwng y ddau gwmni. Mae'n rhaid i fi
gyfadde bod ambell elfen 'da nhw yn well na ni, ac roedd eu
Oklahoma! nhw'n arbennig iawn, ond nid dyna oedd yn bwysig.
Yr hwyl a'r gymuned oedd yn ein cadw ni i fynd, a ni barodd
hiraf hefyd – aeth ein cwmni ni yn ei flaen am dros bymtheng
mlynedd, ond rhoddodd Brynaman y gorau iddi ar ôl rhyw
chwech neu saith.

Gariais i mlaen i berfformio 'da'r cwmni hyd yn oed ar ôl i
fi symud o Gwmllynfell i fyw, a dim ond rhoi'r gorau iddi pan
ges i waith actio rheolaidd ar *Pobol y Cwm*. Yna, chwarter canrif
a mwy yn ôl, ddaeth y cwmni i ben. Ar y cyfan, y to hŷn yn y
pentre oedd yn cymryd rhan, ac os nad oedd neb iau yn dod i
gymryd eu lle nhw, doedd dim gobaith ei gynnal. Mae'n anodd
meddwl erbyn hyn pwy fyddai'n awyddus i ymgymryd â'r fath
waith caled. Ond ta beth, ar wahân i'r gwaith a'r ymroddiad o
ran canu ac ymarfer, erbyn heddiw does dim unman y gallen

ni gynnal y perfformiadau chwaith. Mae'n gymaint o drueni
fod neuadd y pentre wedi cau. Wy'n gweld ishe'r hen le, rhaid
i fi ddweud. Mae'r adeilad yn dal i sefyll, ond mae'r neuadd
fawr a'r gofod uchel, eang wedi mynd, ac adeilad amlbwrpas
yw e bellach, heb unrhyw ofod perfformio. Mae nifer wedi
gofyn tybed a allen ni atgyfodi'r cwmni, ond heb le i lwyfannu
cynhyrchiad, byddai'n anodd iawn. Beth allen ni ei wneud falle
yw *rehearse readings,* lle mae criw o actorion wedi ymarfer y
sgript ac yn rhoi darlleniad cyhoeddus. Mae hynny'n bell iawn o
ogoniant y sioeau mawr flynyddoedd yn ôl, ond o leia fyddai 'na
rywbeth yn digwydd.

Yn ogystal i'r opera, roedd Cymdeithas y Ddrama Gymraeg
yn Abertawe hefyd yn mynd â llawer o'n amser i. Ro'n i wrth
fy modd yn perfformio gyda nhw, yn teithio gyda nifer o
ddramâu a pherfformio mewn eisteddfodau hefyd. Roedd y
teithiau bob amser yn hwyliog. Ond doedd popeth ddim yn
rhedeg yn gwbwl llyfn fan hyn, chwaith. Un tro, roedden ni'n
perfformio drama gan Gwyn D. Evans mewn dathliad yn Ysgol
y Bechgyn yng Nghaerfyrddin. Roedd Ray Gravell yn y cast 'da
ni yn y ddrama hon, yn chwarae Tarzan o gymeriad cyhyrog, a
finnau'n *striptease artist* – peidiwch â gofyn. Ta beth, mewn un
olygfa, ro'n i i fod i dynnu 'nillad yn araf, dipyn bach ar y tro, ac
roedd Ray i fod i ddod mewn 'da'i linell. A ddaeth e ddim. Sai'n
gwybod hyd heddiw oedd hynny'n fwriadol, ond roedd raid
i fi ddal ati, a thynnu mwy o ddillad nag o'n i wedi bwriadu'i
wneud. O'r diwedd, fe ddwedodd e'r llinell cyn i bethau fynd yn
ormod o embaras, diolch byth.

Roedd bob amser cynulleidfa dda i'r perfformiadau mewn
neuaddau pentre. Erbyn heddiw sai'n credu bod pobl mor
barod i fynd mas – a hyd yn oed petai digon o bobl yn cymryd

rhan a threfnu nosweithiau, wy'n ofni taw bach iawn fyddai'r nifer fyddai'n trafferthu dod i'w gweld. Mae'r oes wedi newid, ond wy'n ddiolchgar iawn 'mod i'n ifanc yn y cyfnod pan oedd cymaint o egni yn y cymunedau i greu adloniant a'n diddanu ein hunain.

Pennod 6

Roedd y gweithgareddau cerddorol a dramatig yn mynd â llawer iawn o'n amser i, ond drwy'r cyfan, ro'n i'n teithio bob dydd i ysgol Trebanos. Fues i yno am saith mlynedd, a chael boddhad mawr o fod gyda'r plant. Er nad oedd hi'n ysgol Gymraeg, roedd yr ardal yn un Gymreig iawn, a rhyw gymysgedd o'r ddwy iaith oedd y gwersi bron i gyd. Safon tri o'n i'n ei dysgu – plant naw a deg oed, sy'n oedran hyfryd. Maen nhw'n ddigon hen i gael sgwrs a thrafod pob math o bethau, ond yn ddigon ifanc hefyd i fwynhau dysgu a pheidio ag ofni dangos brwdfrydedd at bethau newydd. Y peth o'n i'n ei fwynhau fwyaf oedd drama'r geni adeg y Nadolig, pan o'n i'n cael dysgu caneuon bach newydd iddyn nhw yn ogystal â'r carolau traddodiadol. Fi oedd yn ysgrifennu'r ddrama bob tro, ac o'n i'n cael help 'da phob math o bobl i'w llwyfannu hi. Byddai rhieni oedd yn cadw ceffylau yn dod â digon o wellt i greu'r stabal, ac aeth y gofalwr ati i godi *rig* goleuo i fi, a *gels* i wneud golau glas – roedd hi'n dipyn o sioe. Roedd y plant yn gymeriadau hoffus, ac mae ambell un wedi gwneud enw iddo'i hunan ar ôl tyfu'n hŷn – fydda i bob amser wrth fy modd yn gweld Robert Jones, y chwaraewr rygbi, ac yn cofio amdano fe a Bleddyn Bowen yn gryts bach, a'r cricedwr Greg Thomas hefyd.

Daeth galwad ffôn i'r ysgol un diwrnod, a phrysurodd David Jones, y pennaeth, i lawr i fy ystafell yn llawn ffws. 'Marion, Marion,' medde fe, 'dewch lan ar unwaith i'r swyddfa! Mae, ym, wel, 'wy moyn gair 'da chi.' Dilynes i fe lan y grisiau ychydig yn betrus, yn trio meddwl o'n i wedi gwneud rhywbeth o'i le, ac a oedd reswm gen i i boeni, ond i'r gwrthwyneb – newyddion da, a chyfle i fi gael profiad gwych oedd wedi'i gynhyrfu fe. Roedd yr holl weithgareddau ro'n i'n rhan ohonyn nhw, a'r ffaith 'mod i'n llawn bywyd drwy'r amser, yn amlwg wedi creu argraff ffafriol ar rywun, a phenderfynwyd y byddwn i'n oedolyn addas i fynd ar long yr *Uganda* ar *cruise* i ofalu am griw o ferched ysgol Tre-gŵyr, neu Gowerton Girls' Grammar fel oedd hi ar y pryd. Do'n i ddim yn gallu credu'r peth, ac yn chwilio am y *catch* – ond doedd dim un. Roedd angen rhywun bywiog ond cyfrifol a allai fwynhau ei hun a chadw trefn ar y merched. Ges i'r amser yn rhydd o'r gwaith, a chaban digon cysurus ar y llong yn gartref am bythefnos yn teithio i Lisbon, y Canaries a Gibraltar, a rhoi gwersi o fath i'r merched fel bod amcan ganddyn nhw beth oedd o'u blaenau pan fydden nhw'n ymweld â'r gwahanol lefydd. Wy'n credu bod y gwaith o'n i'n ei wneud fel is-warden y clwb ieuenctid lleol wedi argyhoeddi'r awdurdodau y byddwn i'n gallu gwneud y gwaith, ond nag o'n i'n mynd i holi am y rheswm, dim ond manteisio i'r eithaf ar y cyfle i fynd ar daith i'r llefydd egsotig hyn.

Roedd y ddwy daith fues i arnyn nhw yn bleser pur. Roedd y merched yn ddymunol dros ben, ac roedd cael mynd ar *cruise* fel hwn yn rhywbeth na fyddwn i fyth wedi gallu ei fforddio ar fy nghyflog i. Er 'mod i'n dysgu'r merched, roedd digon o amser rhydd gyda fi hefyd, ac roedd pawb yn cymysgu ar y llong gyda'r nos. Roedd gwahanol gyngherddau'n cael eu cynnal, a phan glywon nhw 'mod i'n canu, ddechreuais i gymryd rhan yn y rheini hefyd, a dyn o'r enw John Francis yn chwarae'r gitâr. A gyda'r nos, roedd y pryd bwyd yn gryn achlysur, a phawb yn taclu'n smart ac yn cymysgu 'da'r teithwyr eraill a'r criw, a phob un yn ei dro yn cael eistedd ar y *captain's table*. Roedd swyddogion y llong yn edrych mor hardd yn eu lifrau gwyn – roedd y cyfan mor *glamorous*. Roedd un o'r peirianwyr, Michael, yn ddyn golygus dros ben â gwallt du, du a llygaid brown, brown. Fe wnaeth e dipyn o argraff arna i, a finnau arno fe – cawson ni fwy nag un *sweet embrace* ar lawr y ddawns dan sêr Môr y Canoldir. Yna, pan arhosodd y llong yn Gibraltar, cawson ni un o'r profiadau mwyaf rhamantus i mi ei gael erioed. Aethon ni am dro law yn llaw ar hyd heolydd cul, caregog yr hen dre ar noson hyfryd o haf, a sŵn y môr yn ein clustiau – roedd fel golygfa mewn ffilm – ac yn sydyn dyma ni'n clywed llais tenor hyfryd yn canu 'O Sole Mio'. Wel, anghofia i fyth o'r foment honno – doedd dim syniad 'da ni o ble roedd y llais yn dod, ond fe ychwanegodd ryw hud arbennig i'r noson.

Ond roedd raid setlo'n ôl i fywyd bob dydd yn fuan iawn ar ôl dod adre. O'n i'n cael cwmni yn y car i fynd lawr i'r ysgol yn Nhrebanos. Fydden i'n codi un o'r athrawon eraill, Mair Jones, yn Ystalyfera, a'r ddwy ohonon ni'n sgwrsio a rhoi'r byd yn ei le wrth yrru i lawr Cwm Tawe. Pan y'ch chi'n mynd yr un ffordd bob dydd, chi'n sylwi ar yr un pethau – dyn lolipop yn hebrwng plant ar draws y ffordd, criw swnllyd o gryts yn eu harddegau'n aros am y bws ysgol – ac ymhen ychydig, sylwes i ar ddyn ifanc oedd wastad yn yr un lle yr un pryd. Ddechreuon ni godi llaw ar ein gilydd fel dipyn bach o hwyl, ac o'n i'n checio bob dydd ei fod e yna, ac yn teimlo'n siomedig pan nad o'n i'n ei weld. Tyfodd y peth yn dipyn o jôc, a Mair a fi'n trio dyfalu tybed pwy oedd e, ac yn gwneud pob math o storis lan amdano. Ar ôl sbel, awgrymodd Mair falle ddylen i gynnig lifft iddo, i ni gael clywed ei hanes e'n iawn, ond o'n i'n eitha licio'r ffantasi a'r hwyl o'n i'n ei gael yn dychmygu pethau amdano – ac yn mwynhau dipyn bach o ddirgelwch.

Ond un diwrnod, doedd Mair ddim gyda fi yn y car, ac wrth i fi 'i baso fe, gwnaeth rhywbeth i fi stopo i gynnig lifft iddo. Sai'n gwybod pam – falle'i bod hi'n bwrw glaw neu'n fore oer a fe'n edrych yn ddiflas, druan, ond ta beth, dderbyniodd e'r lifft ar unwaith. Kevin Norris oedd ei enw, ac roedd e'n byw yn yr Allt-wen. Roedd e'n gweithio yng Nghlydach, yn gwneud rhywbeth gyda *consumer protection* – ddealles i ddim yn iawn beth – felly slipes i fe lawr yna, ac wrth iddo fynd mas o'r car, ofynnodd e fydden i'n fodlon cwrdd ag e ryw noson. Wel, pam lai? Roedd e i'w weld yn ddyn digon ffein, ac o'n i'n barod am ychydig o hwyl.

Am ryw reswm, chymerodd Mam a Daddy ddim at Kevin o gwbwl, ond o'n i'n dwlu arno fe. Yn ôl ei arfer, rhoddodd Daddy lysenw iddo – Orangutan, am fod gwallt coch 'dag e. Ond nag o'n i'n gwrando dim ar ei gonan e – yn ddwy ar hugain oed, fi oedd yn gwybod orau. Datblygodd y berthynas yn glou iawn, ac ar ôl un wythnos ar ddeg, fe ddyweddïon ni, a phenderfynu priodi'n fuan hefyd. Wrth edrych 'nôl nawr, alla i ddim meddwl pam roedd raid i ni ruthro shwd gymaint. Falle fod gan wrthwynebiad Mam, ac yn enwedig Daddy, rywbeth i wneud â'r peth, achos y mwya roedden nhw'n gwrthwynebu, y mwya penderfynol o'n i taw dyna beth o'n i moyn.

Ta beth, ges i fy ffordd, a briodon ni yn y Swyddfa Gofrestru yn Abertawe. Wrthododd Daddy ddod ond fe ddaeth Mam a'i ffrind Anti Menna. Merch Anti Menna, Carol-Anne oedd un o fy ffrindiau gorau yn yr ysgol, a hi oedd fy morwyn briodas – ac yn ddiweddarach, ro'n innau'n forwyn briodas iddi hithau. Mae Carol-Anne yn un arall sydd wedi aros yn ffrind dda i fi dros y

degawdau, yn un o'r bobl yna wy'n gwybod fyddai yna i helpu
tase angen, er nad ydyn ni'n gweld ein gilydd mor rheolaidd
erbyn hyn. Roedd gen i ddigon o bobl, felly, i wneud y diwrnod
yn un arbennig, ond er hynny, dyw e ddim yn beth braf priodi
heb fod dy dad yna, ac wrth fynd lawr yn y car y bore hwnnw,
wy'n cofio cyrraedd Clydach a bron iawn â chael traed oer –
rhyw deimlad bach o banig, a meddwl nag o'n i moyn gwneud
hyn wedi'r cyfan. Ond ymlaen yr es i, a gethon ni briodas
dipyn bach o seis hefyd. Yn y Copper Beech yn Abercraf oedd y
brecwast, ac roedd hwnnw'n barti a hanner. Un o'r pethau sydd
wedi aros yn y cof 'da fi yw gweld Mam ac Anti Menna fel dwy
iâr ar ben sgrimen, yn rhacs jibidêrs ar Southern Comfort, yn
balanso ar ddwy stôl wrth y bar yn chwerthin a thrio'u gorau i
beidio cwympo.

Yn Rhydaman setlon ni, ond chymerodd hi ddim yn hir
i fi weld taw Daddy oedd yn iawn wedi'r cwbwl. Erbyn hyn,
a finnau mor fishi gyda'r opera a Chymdeithas y Ddrama
Gymraeg Abertawe, ro'n i wedi rhoi 'mryd ar fynd i actio, ac am
ddilyn cwrs yn y Coleg Cerdd a Drama yng Nghaerdydd. Nag
oedd hynna'n cyd-fynd â chynlluniau Kevin o gwbwl, a doedd
e ddim yn gefnogol a dweud y lleia. Fe ddwedodd e wrtha i:
'You're a good amateur, but you'll never make a professional.'
Os do fe, 'te – dyna oedd ei diwedd hi. Roedd Kevin yn gwybod
yn iawn faint oedd perfformio'n ei olygu i fi; ro'n i hyd yn oed
wedi bod yn perfformio 'da Chymdeithas y Ddrama ar noson
ein priodas. Adawes i'r parti nos i fynd i Neuadd Talyllychau, ac
o'r fan honno ddechreuon ni ar ein mis mêl. Ond os taw dyna
oedd ei agwedd e, roedd yn ddigon amlwg taw camgymeriad
oedd ei briodi fe, ac roedd yn amlwg fod Kevin yn anhapus
hefyd. Roedd e'n taro lot o'r bai ar Mam a Daddy, yn dweud eu

bod nhw'n dylanwadu arna i yn ei erbyn e, ond o'n i'n gwybod 'mod i moyn mwy mewn bywyd na byw yn Rhydaman gyda fe. A phan wedodd Mam ei fod e wedi cael ei weld 'da menyw arall, wel, roedd hynna jest yn cadarnhau beth o'n i'n ei wybod yn barod. Roedd raid symud mlaen.

Benderfynon ni ysgaru, ond bu'n rhaid i ni aros yn briod am dair blynedd cyn bod yr ysgariad yn swyddogol. Doedd hynny ddim yn fy mhoeni i ryw lawer, achos erbyn hynny ro'n i wedi symud i fyw bywyd gwbwl newydd yng Nghaerdydd, a 'ngolygon ar fyd y theatr, yn rhannu tŷ gyda chriw o ferched ac yn joio mas draw. Rywsut, hyd yn oed bryd hynny – ac yn enwedig nawr, ddegawdau'n ddiweddarach – do'n i ddim yn meddwl am y berthynas fel priodas go iawn.

Chadwodd Kevin a fi ddim mewn cysylltiad, ac yn wir, dim ond unwaith rydw i wedi'i weld e ers hynny, rai blynyddoedd yn ôl yn Boots Abertawe. Wenon ni ar ein gilydd, a wedes i wrtho, 'Do you know, I used to be married to you,' ac atebodd e, 'Yes, I remember.' Roedd hynny'n rhyfedd, achos roedd e fel siarad â rhywun gwbwl ddierth, ond geson ni sgwrs a chwtsh bach, a chlywed hanes ein gilydd. Roedd e wedi ailbriodi ac roedd cwpl o blant 'dag e. Mae'n rhyfedd sut mae perthynas sy'n gallu bod mor agos ac angerddol am gyfnod yn gallu pylu nes bod dim byd ar ôl.

Pennod 7

Mae penderfynu gadael swydd ddiogel, barhaol a mentro i fyd sy'n ansicr ar y gorau, yn gallu bod yn gam anodd. Mae llawer o bobl yn hoffi gwybod beth maen nhw'n mynd i fod yn ei wneud dros y blynyddoedd i ddod, felly maen nhw'n setlo i fyw bywyd cyffforddus. Yn ffodus neu'n anffodus, nid un fel 'ny ydw i, ac yn bendant nag e fel 'ny o'n i pan o'n i'n ifanc. Doedd y penderfyniad i roi'r gorau i ddysgu ddim yn anodd o gwbl i fi, ond yn anffodus, doedd dim llawer o gyfarwyddwyr mawr Hollywood yn dod heibio Cwmllynfell yn chwilio am dalent, felly yr unig ffordd i fi allu gwireddu 'mreuddwyd oedd mynd yn ôl i'r coleg, cael hyfforddiant fel actor a dod o hyd i waith ar fy liwt fy hun.

Erbyn hyn, roedd Mam a Daddy yn gwybod nage mympwy dwl merch ifanc oedd hyn, a 'mod i o ddifri ynglŷn â newid gyrfa, felly roedden nhw'n gwbl gefnogol pan ddwedes i 'mod i am wneud cais i ymuno â chwrs yn y Coleg Cerdd a Drama yng Nghaerdydd. Ro'n i wedi bod yn mynd i'r coleg bob dydd Sadwrn yng Nghastell Caerdydd eisoes, i astudio gyda Grace Keat. Gyda hi fues i'n astudio *verse and prose*, er mwyn sefyll arholiadau Lamda, y London Academy of Music and Dramatic Art. Roedd raid astudio darnau gosod ar eu cyfer – un darn gan Shakespeare ac unrhyw baragraff allan o lyfr gosod penodol. Ar ben hynny, roedd raid i'r ymgeiswyr benderfynu ar thema, a dewis darnau'n gysylltiedig â'r thema honno. Yn ystod yr arholiad, roedd gofyn llefaru'r darnau, ond hefyd roedd yr arholwr yn holi pob ymgeisydd am y gwaith yn ei gyd-destun, ac yn trafod y thema roedd wedi'i dewis. Doedd hi ddim yn ddigon adrodd y darnau fel parot, roedd raid adnabod y ddrama neu'r gyfrol yn drylwyr hefyd, a dangos dealltwriaeth o'r gwaith. Wedyn roedd gofyn darllen darn arall heb ei baratoi – *sight reading* – er mwyn gweld pa mor gyflym roedd yr ymgeisydd yn gallu deall darn o lenyddiaeth. Ro'n i wrth fy modd â'r gwaith yma, a llwyddais i gael medalau efydd, arian ac aur.

Ond roedd ymrwymo i gwrs llawn amser a symud i Gaerdydd yn mynd â'r cyfan gam ymhellach, ac yn ddechrau newydd i mi mewn cymaint o ffyrdd. O'r diwedd, dyma gyfle i wneud yr hyn ro'n i wedi bod ar dân eisiau ei wneud ar hyd fy mywyd, a chael dalen lân ar ôl methiant y briodas â Kevin. Felly, ro'n i'n llawn brwdfrydedd yn ymuno â chriw o fyfyrwyr i ddysgu'r sgiliau a'r technegau fyddai'n sylfaen i weddill ein bywydau. Roedd y cwrs blwyddyn yn wych – Owen Garmon oedd yn darlithio, a gyda fi ar y cwrs roedd nifer o bobl a aeth ymlaen i gael gyrfaoedd perfformio llwyddiannus – Ifan Huw Dafydd, Naomi Jones, Hannah Roberts a Sara Harris Davies yn eu plith.

Doedd hi ddim wedi cymryd llawer i fi ddod 'nôl ataf i fy hun ar ôl i Kevin a fi wahanu. Roedd y byd yn agor lan i fi. Er 'mod i'n gwybod fy mod wedi gwneud camgymeriad mawr drwy briodi, do'n i ddim chwaith yn swil o ailafael yn fy mywyd carwriaethol. Roedd wastad ryw *twinkle* bach yn llygaid Ceri Rees, un o'r bois yng nghorws yr opera yng Nghwmllynfell, oedd yn ffrindiau mawr â Daddy, gan fod y ddau'n hoff iawn o bysgota. Roedd yntau hefyd wedi ysgaru, felly roedd y ddau ohonon ni'n deall beth oedd y llall wedi bod drwyddo. Datblygodd perthynas fach hyfryd rhyngddon ni, a Ceri'n dod lan i Gaerdydd i 'ngweld i a mynd â fi mas am fwyd – ac fe ddaeth i weld nifer o'r sioeau hefyd. Ceri helpodd fi drwy siom yr ysgariad i raddau helaeth, a dangos i fi fod modd dod yn ffrindiau a chael perthynas â dyn unwaith eto. Wy'n dal yn ffrindiau mawr 'da Ceri, ac mae meddwl mawr 'da fi ohono.

Tua diwedd y flwyddyn yng Nghaerdydd, roedd cyffro mawr ymhlith y myfyrwyr, oherwydd roedd disgwyl i un o enwau mawr – os nad enw mwya – byd y theatr ymweld â ni i roi clyweliadau i'r giwed eiddgar. Roedd enw Wilbert Lloyd Roberts yn gyfarwydd iawn i ni fel cyn bennaeth drama yn y BBC oedd wedi symud i'r theatr, ac wedi sefydlu Cwmni Theatr Cymru. Roedd y cwmni hwn yn adnabyddus iawn. Bob tro fydden i'n mynd i'r Eisteddfod Genedlaethol, at babell y cwmni fydden i'n anelu gynta, a bydden i'n mynd i weld eu dramâu nhw i gyd. Roedd gweld pobl fel John Ogwen, Maureen Rhys, Lisabeth Miles a Glyn Pensarn yn ennill bywoliaeth trwy actio yn ysbrydoliaeth i mi – dyna o'n i eisiau ei wneud yn fwy na dim byd arall, ac ro'n i eisiau beth oedd gyda nhw.

Gallwch chi ddychmygu, felly, pa mor gyffrous oedd cael fy nerbyn yn aelod o'r cwmni ar ôl y clyweliad. Dyna ni – o'n i mewn! Ges i gytundeb dwy flynedd, oedd yn teimlo fel oes o sicrwydd i actor ifanc. Gan taw yn Theatr Gwynedd oedd pencadlys y cwmni, roedd raid symud i'r gogledd, a bues i, Hannah Roberts a Huw Dafydd, oedd hefyd wedi cael eu derbyn, yn byw 'da'n gilydd yn Llanfairfechan cyn symud i Fethesda.

Y cynhyrchiad cynta wnes i 'da'r cwmni oedd *Ar Hyd y Nos*, oedd yn rhan o weithgareddau Gŵyl 1978. Roedd hwn yn

ddechrau da, a'r actorion profiadol David Lyn a Beryl Williams
yno i'n harwain ni, y criw iau, oedd yn cynnwys Sioned Mair,
Cefin Roberts, Iestyn Garlick a Wyn Bowen Harris. Roedd
Gari Williams yn y cynhyrchiad hefyd, yn ogystal â chriw
o ddawnswyr Sbaenaidd. Roedd hi'n dipyn o sioe, yn fath o
ddrama gerdd. Ond megis dechrau oedd hyn. Roedd pob math
o sioeau yn dilyn ei gilydd – nifer yn sioeau i blant, yn teithio
o gwmpas ysgolion: *Sioe Sioni* oedd un, lle o'n i'n chwarae
Minnie Ho-ho, oedd yn llawer o sbort. Ac ymhen ychydig,
ro'n i'n teimlo'n hynod falch pan gynhyrchon ni *Esther* gan
Saunders Lewis, achos o'r diwedd ges i rannu llwyfan â rhai
o fy arwyr go iawn – fi fach yn perfformio ochr yn ochr â
Stewart Jones, Glyn Pensarn, John Ogwen a Maureen Rhys.
Dyna beth oedd profiad, a chyfle i ddysgu a datblygu fy
nghrefft.

Fydda i'n ddiolchgar am byth i Wilbert Lloyd Roberts.
Oni bai amdano fe, fyddai nifer ohonon ni actorion ddim
wedi cyrraedd unman, a phan y'ch chi'n meddwl am y bobl
dalentog fu'n gweithio i'r cwmni ar ddechrau eu gyrfa, mae'n
dangos maint ei gyfraniad e. Bwrw prentisiaeth oedden ni, yn
dysgu pob math o arddulliau perfformio, sut i weithio mewn
cwmni, a phopeth oedd hynny'n ei olygu'n ymarferol. Roedd
y criw oedd yno cyn ni, pobl fel Cefin Roberts, Wyn Bowen
Harris a Mei Jones, yn dangos y ffordd i ni ac, i raddau helaeth,
roedden ni'n dilyn eu harweiniad nhw. Mae hyfforddiant
o'r math yma'n gymaint o help i actor ifanc. Er 'mod i wedi
gwneud cwrs yn y coleg ac yn eitha profiadol – wedi'r cyfan,
o'n i wedi bod ar y llwyfan mewn cynyrchiadau amatur yn
rheolaidd am flynyddoedd mawr – does dim i'w gymharu â
phrofiad proffesiynol gwirioneddol o flaen cynulleidfa sy'n

disgwyl y safon uchaf. Wy'n falch iawn fod rhai o gwmnïau
theatr Cymru'n dal i roi'r cyfloedd hyn i actorion ifanc.
Mae'r Theatr Genedlaethol, dan arweiniad Arwel Gruffudd,
yn cyflwyno gwaith cyffrous ac yn castio llawer o actorion
addawol ifanc, ac mae'r bytholwyrdd Bara Caws hefyd yn
gwneud gwaith ardderchog. Wrth gwrs, mae'n wych fod
llawer o actorion ifanc heddiw yn cael gwaith a chyfleoedd ar y
teledu, ond sai'n siŵr ydy e'n beth da iddyn nhw fynd yn syth
o'r coleg – neu hyd yn oed heb fod mewn coleg – i chwarae
rhan fawr ar y teledu heb fod wedi gweithio ar eu crefft gynta.
Mae cymaint o elfennau gwahanol yn rhan o grefft yr actor,
ac mae gofynion actio ar y sgrin yn wahanol iawn i droedio'r
llwyfan mewn nifer fawr o ffyrdd. Mae llawer o'r genhedlaeth
ifanc yn gwneud gwaith da iawn, ond wy'n ofni bod mwy nag
un yn cael y syniad anghywir am sut mae pethau yn y byd go
iawn. Mae ambell un yn lwcus ac yn gallu aros yn yr un rhan
mewn opera sebon am flynyddoedd, ond mae realiti oer y byd
actio'n gallu taro unrhyw un, dim ots pa mor dalentog ydyn
nhw, ar unrhyw adeg.

Fydda i'n cael yr argraff weithiau, hefyd, nad yw'r
genhedlaeth iau o actorion yn deall o ble mae'r proffesiwn
wedi datblygu yng Nghymru, ac i fi, mae hynna'n golled.
Dydyn nhw ddim yn sylweddoli nad oedd modd ennill
bywoliaeth yn actio yn Gymraeg tan yn ddiweddar iawn, a
bod diolch anferth yn ddyledus i bobl fel Charles Williams,
Dic Huws, Rachel Thomas a Harriet Lewis, oedd yn wir
arloeswyr yn eu gwaith ar ddramâu radio ganol y ganrif
ddiwethaf. Does 'da rhai o'r bobl ifanc ddim syniad sut y daeth
S4C i fod hyd yn oed, dim ond cymryd yn ganiataol ei bod hi
yna. Falle nad ydyn nhw'n meddwl bod hyn yn bwysig, ond i

fi, mae'n hanfodol gwybod pwy sydd wedi mynd o'n blaenau, a chadw'r hanes yma i fynd.

Un cynhyrchiad hwyliog wnaethon ni oedd *Gwenith Gwyn*, drama gerdd gan Rhisiart Arwel, a'r geiriau gan Siôn Eirian wedi'i seilio ar hanes y Ferch o Gefn Ydfa, a Gruffudd Jones yn cynhyrchu. Mair y forwyn o'n i, a Huw Dafydd oedd yn chwarae Ifan y gwas. Gillian Elisa oedd yn chwarae rhan Ann, a Bryn Fôn oedd Wil. Roedd y cynhyrchiad yn rhan o 'Dymor yr Haf' yn Theatr Gwynedd, oedd yn golygu ein bod ni'n perfformio'r gwaith yn Gymraeg ac yn Saesneg, oedd yn gallu bod yn bur ddryslyd, a fwy nag unwaith, fe deimlais i dipyn o banig wrth gerdded ar y llwyfan heb fod yn hollol siŵr pa iaith o'n i fod i'w siarad. Falle taw dyma'r adeg iawn i fi ymddiheuro i fy nghyd actor, Ifan Huw Dafydd, am ei anharddu a'i greithio am oes. Roedd un foment yn ail act y ddrama pan oedd Mair ac Ifan yn cyfarfod mewn golygfa fach gariadus. Roedd angen i ni redeg tuag at ein gilydd, a byddai e wedyn yn cydio ynddo i ac yn fy nghodi i'r awyr cyn dod â fi i lawr yn araf i mewn i gusan. Un noson, ar y ffordd i lawr, fe gnoiais ei drwyn yn ddamweiniol, a thorri cwt – ac fe waedodd y pwr dab fel mochyn. Roedd raid i fi ddefnyddio coler wen, lân fy ngwisg i sychu'r gwaed cyn i'r holl gynhyrchiad fynd i'r gwellt. A falle fod y cnoiad yn waeth nag o'n i wedi'i feddwl, achos mae craith fach yn dal i fod ar drwyn Huw, os edrychwch chi'n agos.

Y forwyn arall yn y cynhyrchiad oedd Gwen Elis, aeth yn ei blaen i fod yn wyneb cyfarwydd iawn ar lwyfan a theledu fel actores ragorol – a gwraig i Wyn Bowen Harris. Daeth Gwen a fi'n agos iawn, ac mae'r gyfeillgarwch yma wedi para dros y blynyddoedd. Fi oedd ei morwyn briodas, a daeth hithau'n forwyn briodas i fi yn ddiweddarach hefyd, a hi a Wyn yw rhieni bedydd Heledd fy merch. Er nad ydyn ni'n gweld ein gilydd yn aml, gan ei bod hi'n byw yn y gogledd a minnau'n ôl yn fy nghynefin yng Nghwmllynfell, ry'n ni'n dal i gysylltu bob nawr ac yn y man, ac os gwelwn ni'n gilydd, mae fel tase dim amser o gwbwl wedi mynd ers y tro diwetha. Dyna yw ffrind go iawn – ry'n ni ar yr un donfedd, a does dim angen siarad â'n gilydd bob dydd i gadw hwnna i fynd.

'Wy wedi sôn o'r blaen am y triciau a'r tynnu coes oedd yn rhemp yn y cwmni opera yng Nghwmllynfell. Wel, dyw pobl broffesiynol ddim llawer gwell. Mewn golygfa arall yn *Gwenith Gwyn*, ro'n i a Gwen yn paratoi bwyd. Roedd Gwen yn gwneud bara, a finnau'n gorfod tynnu plisgyn pys mewn powlen. Ta beth, ar y noson ola, beth wnaeth rhywun – a sai'n siŵr hyd y dydd heddi pwy yn union – oedd newid y props yng nghefn y llwyfan, ac nid pys oedd yn y fowlen ond winwnsyn amrwd, a finnau'n gorfod ei ddorri'n fân. Sai'n gwybod sut lwyddes i fynd drwy'r olygfa.

Ond mae rheswm arall gen i dros gofio noson ola *Gwenith Gwyn*. Cyn y perfformiad, ro'n i wedi ffonio Mam a Daddy, yn llawn hanes a sgwrs, ac yn edrych mlaen at y parti i ddathlu diwedd y cynhyrchiad. Fel sy'n digwydd mewn lot o deuluoedd, Mam oedd yr un fyddai'n sgwrsio fwya, a Daddy'n cael yr hanes wedyn, neu'n dod at y ffôn am ychydig ar y diwedd. Wel, ar ôl siarad am sbel, galwodd Mam ar Daddy i ofyn lice fe ddod i ddweud gair wrthof i, a glywes i fe yn y pellter ar ben arall y ffôn yn dweud, 'It's all right, you come and tell me all about what she said.' Felly cwplon ni'r sgwrs, ac wrth i Mam adrodd fy hanes wrth Daddy, medde fe'n sydyn: 'Oh my gosh, I do feel funny.' Aeth Mam i arllwys gwydred o frandi iddo, ond erbyn iddi ddod â'r ddiod ato, roedd e wedi mynd,

druan. Jest fel 'ny. Yn bum deg wyth oed, buodd e farw'n gwbwl
ddirybudd.

'Sdim raid dweud bod colli rhiant yn brofiad ofnadwy, dim
ots beth yw'ch oedran chi. Wedi'r cyfan, mae'ch rhieni 'di
bod yna drwy'ch bywyd, yn graig ac yn angor drwy bopeth.
Daddy oedd yr un oedd yn fy amddiffyn i rhag y byd – yn rhoi
enwau dwl ar y bechgyn o'n i'n caru 'da nhw, yn rhoi reid i fi
ar y moto-beic a finnau'n blentyn bach, ac er nad oedd e ishe
i fi fynd i actio ar y dechrau, roedd e mor falch 'mod i'n gallu
gwireddu fy mreuddwyd fel actor proffesiynol yn y pen draw.
Roedd y sioc ei fod e jest wedi diflannu mor sydyn yn enfawr.

Daeth Mam lan i'r gogledd i fyw 'da fi am ychydig, achos
roedd y ddwy ohonon ni'n cael cysur wrth ein gilydd ac yn
gallu rhannu'n galar, ond ar ôl sbel, daeth yn bryd iddi fynd
adre. Roedd yn anodd iawn iddi ar ei phen ei hunan ar ôl
cynifer o flynyddoedd, ond roedd hi'n fenyw gryf – ac yn ifanc
hefyd – ac ymhen tipyn, gyda help ei ffrindiau a chymuned
Cwmllynfell, fe fownsiodd hi 'nôl. Roedd raid iddi gario mlaen,
a chafodd hi fywyd da. Arhosodd y ddwy ohonon ni'r un mor
agos hyd y diwedd. Mam oedd fy ffrind gorau i – allen i ddweud
unrhyw beth wrthi – ac wy'n hynod falch o allu dweud bod
perthynas debyg 'da fi a Heledd, fy merch innau, erbyn heddiw.

Un o'r dramâu ola i fi fod ynddi gyda'r Cwmni Theatr oedd
Sal gan Gwenlyn Parry, oedd wedi'i seilio ar ddigwyddiad
hanesyddol pan honnwyd fod merch ifanc o'r enw Sarah
Jacob wedi byw am gyfnod hir heb fwyd. Siwan Jones, sy'n
adnabyddus fel awdur nifer o gyfresi drama llwyddiannus ar
S4C bellach, oedd yn actio rhan Sarah – sef Sal yn y ddrama
– a fi oedd Hannah, ei mam. Roedd yn fraint cael rhan yn y
cynhyrchiad cynta hwn o ddrama newydd sbon, a chafwyd

ymateb rhagorol gan gynulleidfaoedd ar y daith. Doedd hwn ddim yn gynhyrchiad naturiolaidd. Roedd gwely ar ganol y llwyfan, lle roedd Sal yn gorwedd, a llawer o lefelau gwahanol a goleddfau i bob cyfeiriad, ac roedd yn gallu bod yn ddigon anodd symud o gwmpas. Tua deng munud cyn i'r ddrama ddechrau, bydden ni'r cast yn mynd i sefyll ar y llwyfan ac aros yna'n llonydd wrth i'r gynulleidfa ddod i mewn, oedd yn anarferol ar y pryd, ac yn drawiadol iawn. Gan ein bod ni'n sefyll yn gwbwl llonydd, roedd y gynulleidfa fel petaen nhw'n meddwl ein bod yn methu eu clywed nhw, ac roedd yn ddifyr iawn gwrando arnyn nhw'n sgwrsio wrth aros i'r ddrama ddechrau. Ond un noson, bu'n rhaid i ni i gyd ganolbwyntio'n galed iawn ar gadw wynebau syth a rheolaeth gaeth arnon ni'n hunain. Huw Ceredig oedd yn chwarae rhan Dr Hughes yn y ddrama, a byddai'n sefyll tua chefn y llwyfan, ar lefel eitha uchel. Y noson hon, wrth i ni i gyd sefyll, rywsut, fe ollyngodd e Polo Mint, ac fe roliodd honno i lawr pob lefel yn ei thro i flaen y llwyfan. Nagw i'n gwybod a sylwodd y gynulleidfa, ond roedd llygaid pob un o'r cast wedi'u hoelio ar y finten, a sawl pâr o ysgwyddau'n crynu wrth i ni wneud ymdrech arwrol i beidio â chwerthin.

Pennod 8

Fel actor, chi'n derbyn beth ddaw ac yn mynd i ble bynnag mae'r gwaith yn mynd â chi, heb wybod yn iawn beth i'w ddisgwyl. Buan iawn y daeth y cyfnod gyda Chwmni Theatr Cymru i ben, ond yn ddigon lwcus, ges i gynnig mynd i weithio gyda Chwmni Theatr Crwban yn Aberystwyth, gyda'r diweddar Gruff Jones, oedd newydd fod yn cyfarwyddo'r pantomeim i Gwmni Theatr Cymru. Swydd actio fel unrhyw un arall oedd hon i bob golwg, a doedd dim syniad 'da fi fod fy mywyd i ar fin mynd i gyfeiriad gwbwl annisgwyl. *Chware Teg* oedd enw'r ddrama, comedi o waith Emyr Morgan Evans, ac roedd cast bywiog, felly ro'n i'n edrych mlaen at gyfnod hwyliog yng nghwmni Gillian Elisa, Alun Elidyr, y diweddar Dorian Thomas a John Glyn. Yn ogystal â pherfformio yn Theatr y Werin yn Aberystwyth, roedden ni hefyd yn mynd â'r ddrama ar daith. Mae rhywbeth arbennig iawn am fod yn gwmni bach o bobl yn teithio o le i le yn perfformio. Chi'n datblygu'n deulu clòs, ac yn creu cysylltiadau agos iawn, iawn am gyfnod byr wrth dreulio amser gyda'ch gilydd drwy'r dydd bob dydd.

Doedd dim amheuaeth taw'r un oedd yn cadw hwyliau pawb i fynd ac yn ffeindio'i hun yn y bar yn difyrru'r cwmni 'da'i straeon tan yr oriau mân oedd John Glyn, neu JG i'w ffrindiau – a Glyn i fi – sef pawb roedd e'n dod ar eu traws, bron â bod. Er taw dim ond deng mlynedd yn hŷn nag e ydw i, fi oedd yn chwarae ei fam e yn y ddrama, felly wrth i'r ddau ohonon ni glosio yn ystod y daith, roedd yn eitha rhyfedd bod teimladau'n datblygu ynddo i at ddyn oedd i fod yn fab i fi. Ond fel 'na ddigwyddodd hi, ac ymhen ychydig, roedden ni'n gwpwl ac yn mwynhau cwmni'n gilydd.

Sai'n credu 'mod i wedi chwerthin gymaint erioed.

Lle bynnag oedd Glyn, roedd hwyl i'w gael. Byddai noson gyffredin mas yn y dafarn yn troi'n barti, yr ymarfer drama mwyaf diflas yn troi'n sesiwn hwyliog, a do'n i byth yn gwybod beth i'w ddisgwyl nesaf – ro'n i'n meddwi ar y profiad. Un tro, pan oedd e'n gweithio yn Llundain, es i lan gydag e am drip. Ar ôl perfformio, roedd raid i'r criw fynd allan am y noson i brofi ychydig o 'ddiwylliant' y ddinas fawr. Gan 'mod i yn Llundain, fe wnes i ymdrech, ac wy'n cofio'n iawn beth o'n i'n ei wisgo – trowsus du sidanaidd a *boob tube*, a hwnnw'n *sequins* o wahanol liwiau i gyd, a streipiau ar ei draws. Sôn am ffasiwn yr wythdegau – o'n i'n *diamanté* ac yn *sequins* o 'nghorun i'n sowdwl. Ar ôl mynd i amryw o lefydd yn Soho, ddiweddon ni mewn clwb o'r enw'r Pink Pussycat. Yn ein diniweidrwydd, doedden ni ddim yn sylweddoli pa fath o le oedd e cyn i ni fynd mewn – wel, nag o'n *i* wedi sylweddoli ta beth, sai mor siŵr am y dynion. Roedd y *waitresses* i gyd yn hanner noeth – a phob un yn *topless*. Wrth i'r nosweth fynd yn ei blaen, roedd pawb yn cael amser da, a phan es i i'r tŷ bach, dyma ddechrau sgwrs â rhai o'r merched oedd yna'n cywiro'u colur. Trodd un ohonyn nhw ata i, cymryd golwg hir arna i o 'mhen lawr at fy nhraed, a gofyn: 'How long are you up here, and where are you from?' a dangos diddordeb mawr ynof i. Nag o'n i'n siŵr pam roedd hi'n holi shwd gymaint, ond wedyn gofynnodd a fydde diddordeb 'da fi ddod atyn nhw i weithio. O'n i'n edrych yn dda, medde hi – 'The boobs are good, come and work with us.' Ddiolches

i'n gwrtais iddi, a gwrthod y cynnig – falle os bydde'r gwaith
actio'n pallu … ond am y tro, ro'n i'n *okay*, diolch yn fawr.

Oedd, roedd pethau'n dal i edrych yn dda gyda 'ngyrfa i.
Drwy actio yn *Sal*, des i i nabod Gwenlyn Parry, a lwcus i fi
wneud hefyd, achos holodd e fi ar ôl y cynhyrchiad a fyddai
diddordeb 'da fi fynd am glyweliad yng Nghaerdydd am ran
Metron yn *Pobol y Cwm*. Ar y pryd, Gwenlyn *oedd Pobol y
Cwm*, ac os oedd e'n meddwl bydden i'n addas ar gyfer y rhan,
wel, roedd hynny ynddo'i hunan yn ganmoliaeth.

Doedd dim angen gofyn eilwaith – fyddai dim byd wedi
fy stopo i rhag mynd am y clyweliad. Felly lawr â fi, a chael
sgript i'w darllen, ac os cofia i'n iawn, roedd Huw Ceredig a
Gareth Lewis yn darllen yr olygfa gyda fi. Paul Turner, aeth
yn ei flaen i gael ei enwebu am Oscar ar gyfer *Hedd Wyn*, oedd
yn cyfarwyddo, a rhoddon nhw *screen test* i fi a chwbl. Dy'ch
chi byth yn gwybod yn union sut mae pethau wedi mynd ar
ôl gwneud prawf neu glyweliad – fe allech chi fod wedi rhoi
perfformiad gorau'ch bywyd iddyn nhw, fyddai'n haeddu
gwobr am ei sensitifrwydd a'i ddealltwriaeth o'r rhan, ond
os nad yw hwnnw'n digwydd cyd-fynd â'r hyn maen nhw'n
chwilio amdano, wel dyna hi. Yr unig ffordd o ddelio â hynna
yw trio gwthio'r profiad i gefn eich meddwl yn syth ar ôl mynd
mas drwy'r drws, a pheidio â'i droi e drosodd a throsodd a
phendroni'n obsesiynol. Os na allwch chi neud hynna, ry'ch
chi yn y job anghywir. Felly, er 'mod i'n eitha hapus 'da shwd
aeth hi, weden i ddim am eiliad 'mod i'n hyderus. Ond diolch i'r
drefn, mae'n rhaid eu bod nhw wedi gweld rhywbeth oedd yn
plesio'r diwrnod hwnnw, achos ges i'r alwad ffôn, y gwahoddiad
yn ôl i Gaerdydd, a chynnig y swydd. A dyna gychwyn ar
flynyddoedd lawer o hapusrwydd pur yn fy ngwaith.

Pennod 9

S iwt dartan werdd o'n i, neu Doreen yn hytrach, yn ei gwisgo yn fy ngolygfa gynta yn *Pobol y Cwm*, wrth ddechrau ar swydd fel Metron cartref henoed Brynawelon yng Nghwmderi. Anwen Williams oedd gyda fi yn yr olygfa – hi oedd y Metron flaenorol – ac er nagw i'n cofio'r union linellau oedd 'da fi, mae'n siŵr fod y geiriau 'dishgled o de' yn yr olygfa yn rhywle. Chwarae teg i'r hen Fetron, roedd hi'n gofalu bod pawb yn y cartref yn cael dishgled o de bob awr o'r dydd.

Falle nad yw'r syniad o actio Metron mewn cartre hen bobl yn swnio'n arbennig o gyffrous, a gallen i ddeall tase pobl yn meddwl ei bod yn rhan ddiflas, ond does dim byd yn bellach o'r gwir. Roedd trigolion y cartref yn gymeriadau brith ar y sgrin, ond yn eu bywydau go iawn, roedden nhw hyd yn oed yn fwy lliwgar. Alla i ddim meddwl am le gwell i fod wedi dechrau gyrfa actio ar y teledu na gyda Charles Williams, Rachel Thomas, Dillwyn Owen, Islwyn Morris, Dic Huws a gweddill y criw. Roedd blynyddoedd o brofiad 'da phob un ohonyn nhw, ac roedden nhw'n hael iawn gyda fi fel newyddian. Roedd Rachel Thomas, yn enwedig, yn barod i gynnig cynghorion bach i fi yn y ffordd fwya addfwyn: 'Marion,' byddai hi'n ei ddweud, 'o'n i'n gwrando ar y llinell fach 'na 'da chi nawr, ac yn meddwl jiw jiw, tybed sut fyddai'n swnio tase hi'n mynd lan ar y diwedd yn lle lawr?' – a bron yn ddi-eithriad, hi oedd yn iawn. Roedd hi'n fenyw mor ffein, ac o'n i wrth fy modd yn sgwrsio ac yn gwneud golygfeydd gyda hi, am fod cyfle bob amser i ddysgu ganddi jest wrth wylio a gwrando arni, a derbyn ei chyngor. Roedd hi hefyd yn cymryd diddordeb yn ei chyd-actorion, a bob amser yn holi hynt y teulu – fe gafodd Heledd gerdyn ac anrheg pen-blwydd ganddi bob blwyddyn pan oedd hi'n ferch fach.

Ges i socad un tro yn gwneud golygfa gyda Rachel ym Mrynawelon, yn ystafell wely Bella, ei chymeriad hi. Golygfa syml iawn oedd hi – roedd hi i fod i gymryd rhyw dabledi a finnau'n llenwi gwydryn â dŵr o'r tap iddi. Y broblem oedd, doedd dim dŵr yn dod o'r tap, felly dyma ailddechrau'r olygfa o'r top, ac eto fyth y trydydd tro, a phawb yn dechrau colli amynedd. Troi'r tap, ac os na daeth top y tap i ffwrdd yn fy llaw i a dŵr yn tasgu i bobman – o'n i'n socian. Wel, oedd popeth ar stop wedyn. Ges i'n sychu o'r top i'r gwaelod, cael dillad ffres a gwneud yr olygfa eto, a hanner y diwrnod wedi mynd yn wastraff. Diolch byth nad cartref go iawn oedd Brynawelon, achos byddai'r Gwasanaethau Cymdeithasol wedi cau'r lle pum munud ar ôl dod drwy'r drws – byddai drysau'n mynd yn styc yn aml, a *props* yn cwympo drosodd a sai'n gwybod sawl gwaith daeth handlen drws yn rhydd yn fy llaw.

Yr un oedd i fod yn edrych ar ôl y cartre oedd Harri Parri, y gofalwr, a chwaraewyd gan Charles Williams. Roedd e'n treulio mwy o amser yn ei siéd yn bragu cwrw nag oedd e'n gofalu am yr adeilad. Roedd Charles Williams yn dipyn o gymeriad – wastad yn hoffi bod yng nghanol y sylw a syniadau digon pendant 'dag e shwd ddyle pethau gael eu gwneud yn iawn. Wrth saethu golygfa, byddai e wastad yn chwarae â'r arian mân yn ei boced ac yn gwneud rhyw synau bach gyddfol. Sai'n siŵr oedd e'n fwriadol, ond galle fe'ch taflu chi os nag o'ch chi'n canolbwyntio'n iawn. A fyddai e ddim yn dweud dim byd cas, ond byddai ambell i edrychiad a symudiad bach cynnil yn ddigon i ddweud 'O, dwi ddim cweit yn licio be ti 'di neud fan 'na …'

Chwerthin fyddai Islwyn Morris. Flynyddoedd yn ddiweddarach, fel Idris yn y gomedi sefyllfa *Satellite City*, daeth yn amlwg i'r byd fod Islwyn yn meddu ar ddawn gomedi ryfeddol, a hyd yn oed yn nhawelwch y cartre hen bobl, byddai'n gweld ochr ddoniol popeth. Gallai hi fod yn artaith gwneud golygfa 'dag e, achos unwaith byddech chi'n gweld y twincl bach yn ei lygad, wel, dyna hi – fyddai'r gigls yn dechrau, a doedd dim gobaith cael dim byd yn y *can* am sbel. Un tro, roedd raid i fi fynd i weld Mr Tushingham (Islwyn) oedd erbyn hyn wedi priodi Maggie Post ac yn byw yn y siop, a physgod ffres iddyn nhw gael rhywbeth neis i swper. Mewn â fi i'r siop, dweud fy llinell: 'Mr Tushingham, fi 'di dod â pysgodyn bach ffres i chi fan hyn i swper, 'shgwlwch ar hwn nawr,' ac agor y pecyn oedd yn dal y pysgodyn. Yn anffodus, roedd rywun wedi anghofio bod pysgod yn tueddu i bydru'n rhwydd mewn gwres, a chewch chi ddim unman twymach na stiwdio deledu a'i holl oleuadau. Wrth agor y papur, cododd y drewdod mwya difrifol oddi ar y pysgodyn. Ac fe wnes i'r peth gwaetha gallen i fod wedi'i wneud – dal llygad Islwyn. A dyna hi wedyn, y gigls rhyfedda. Dyma ailgychwyn yr olygfa – 'shifftwn ni gyda'r drewdod, bydd e'n olreit,' medde fi. Reit te. 'Mr Tushingham, fi 'di dod â pysgodyn bach ffres i chi i swper,' agor y parsel, giglo unwaith eto. *Hopeless.* Dreion ni ei gwneud hi hanner dwsin o weithiau, ac yn y diwedd gorfod i fi jest dweud 'Co'r pysgod i chi', heb ei agor e, neu fydden ni'n dal wrthi heddiw yn trio dod â'r olygfa i ben.

Cyn pob golygfa, dim ots beth oedd hi, byddai Dic Huws yn estyn ei freichiau'n hir o'i flaen fel tase fe'n tynnu'r llewys i lawr ar ei siaced a'i grys, ond os oedd raid iddo ymddangos mewn golygfa gyda Dillwyn Owen, wel, roedd hi'n werth gwylio'r ddau yn mynd drwy eu pethe. Ta beth oedd gofyn iddyn nhw ei wneud, byddai'r ddau'n cwympo mas. Doedd dim yn gas yn y peth, ond yn ddieithriad, fyddai un yn dechrau cwyno wrth y llall am golli ei *cue*, a'r llall yn mynnu nage fe oedd yn mynd o'i le. Roedden nhw fel hen gwpwl priod yn bicran byth a hefyd.

Ac wrth gwrs, calon pentre Cwmderi, oedd yn ffefryn 'da phawb drwy Gymru, mae'n siŵr, oedd yr anfarwol Harriet Lewis, Maggie Post. Doedd hi ddim yn llawer o *stretch* i Harriet actio Maggie, waeth roedd yr un diddordeb 'da hi mewn pobl – os byddai wynebau newydd yn ymddangos, byddai Harriet yn gwybod o fewn pum munud o ble roedden nhw'n dod, faint o frodyr a chwiorydd oedd 'da nhw, ac yn amlach na pheidio, byddai hi wedi dod o hyd i berthynas iddyn nhw roedd hi'n ei nabod. Dyna i chi beth yw Cymraes.

Yn y dyddiau hynny, roedd golygfeydd *Pobol y Cwm* yn hir. Yn aml iawn, fyddai un olygfa ym Mrynawelon yn para ryw bum munud, a byddai'r paratoi ar gyfer ffilmio'n hamddenol hefyd. Roedden ni'n cael *read-through* gynta, i gyfarwyddo â'r geiriau, ac yna *tech run* i wneud yn siŵr fod pawb yn deall beth oedd yn digwydd. Yn dilyn hynny, roedd *producer run*, ac wedyn recordio'r bennod dros ddau ddiwrnod. Braf iawn. Mae confensiwn operâu sebon wedi newid yn llwyr ers y dyddiau hynny. Fyddai neb yn meddwl gwneud golygfa sy'n para pum munud heddiw, oni bai fod stori gref iawn i'w chynnal hi. Wrth i gyflymder y straeon a'r cyfrwng ddatblygu, roedd raid i'r arferion gwaith newid hefyd, â golygfeydd byrrach a llawer mwy o alwadau ar yr actorion.

Roedd hi'n drueni mawr pan benderfynwyd cau Brynawelon. Mae'r hen actorion i gyd wedi mynd erbyn hyn, ac wy'n dal i weld eu colli nhw. Roien i unrhyw beth am gael mynd yn ôl jest un waith i'r lolfa yna, gwthio'r troli drwy'r drws a galw 'Reit, pwy sy ishe dishgled o de?'

Mae cael swydd ar opera sebon fel *Pobol y Cwm* yn rhodd werthfawr tu hwnt. Mae rhai'n dweud na fydden nhw'n ei wneud e, achos mae peryg i chi fynd yn *typecast*, ond 'nes i ddim difaru chwarae rhan Doreen erioed. Roedd cael y swydd yn rhywbeth ardderchog i fi. Ro'n i wedi profi 'mod i'n gallu ennill bywoliaeth drwy actio, ac roedd bywyd yn dda.

Pennod 10

Do'n i byth wedi bod yn un oedd moyn plant. Doedd y peth ddim wir wedi croesi fy meddwl i, a doedd y syniad o newid cewynne a rhoi lan â'r sgrechen diddiwedd ddim yn apelio ata i o gwbwl. Ond wir i chi, ar ôl bod yn byw 'da John Glyn am beth amser, ffeindiais i 'mod i'n disgwyl babi, ac fe newidiodd y cyfan. Ro'n i ar ben fy nigon. Roedd Glyn a fi wedi symud i fyw i'r Borth ger Aberystwyth, ac ro'n i'n gweld dyfodol braf i ni fel teulu bach. O'n i'n gwbwl sicr 'mod i'n gwneud y peth iawn pan benderfynon ni briodi, a chawson ni'r brecwast yn y Grand Hotel yn y pentre, oedd yn cael ei redeg gan Marian a Ray Simmons, pobl hawddgar dros ben, a'u ci Alsatian mawr, Tarw. Dyw'r gwesty ddim yn bod mwyach, ond roedd yn lle ardderchog ar y pryd, a fydden i'n helpu mas y tu ôl i'r bar yn y prynhawniau o dro i dro.

Roedd cyfnod cynnar fy meichiogrwydd yn un hapus dros ben. Falle nag o'n i wedi ystyried cael plant o'r blaen, ond fe giciodd ryw reddf gref iawn i mewn, ac o'r eiliad y sylweddolais i fod 'na fabi ar y ffordd, ro'n i'n ei garu fe - neu hi - yn fwy na dim byd erioed. Ar y dechrau, roedd popeth yn rhwydd; ryw ychydig o *nausea* yn y bore, ond o'n i'n hwylio drwy'r cyfan. Ond erbyn y misoedd ola, aeth fy mhwysedd gwaed yn uchel a gorfod i fi fynd i'r ysbyty. Ac erbyn i'r babi ddod, roedd hi'n gorwedd beniwaered. Drion nhw bopeth i'w throi hi, ond dyna ni, un lletchwith oedd Heledd o'r dechrau, ac yn

benderfynol o wneud pethau ei ffordd hi, felly mas â hi a'i phen-
ôl yn gyntaf. Os o'n i'n ei charu hi cyn ei gweld hi, pan oedd
hi'n dal yn y groth, wel, doedd hynny'n ddim byd o'i gymharu
â'r teimlad o'i dal yn fy mreichiau. Heledd fach oedd y peth
gorau ddigwyddodd i fi erioed, a deng mlynedd ar hugain yn
ddiweddarach, mae'n dal i fod yn gannwyll fy llygad.

A dyna fel buodd hi, a'r tri ohonon ni'n hapus iawn am sbel
go dda. Erbyn hyn, roedden ni'n byw yng nghanol y wlad, yn
y tŷ capel yn Lledrod. Roedd hwnna'n brofiad a hanner hefyd.
Un o amodau byw yn y tŷ oedd taw ni oedd yn glanhau'r capel
a'r festri. Ddes i'n un dda am chwistrellu polish ar hyd y lle'n go
glou. Y ni fyddai'n rhoi swper i'r pregethwyr ar nos Sul hefyd,
ac roedd cymeriadau digon rhyfedd yn eu plith – wy'n cofio un
oedd yn gwrthod defnyddio'r tŷ bach am ryw reswm – weles
i fe un diwrnod yn pi-pi yn erbyn y wal gefn. Roedd pob un
â'i hoffterau bach hefyd – roedd un gweinidog na fyddai'n
yfed dim byd ond te lemwn – ond roedd pob un wrth ei fodd â
theisennau, felly roedd raid gofalu bod digon o'r rheini bob tro,
ar y platiau tsieni gorau, wrth gwrs.

Roedd e'n fywyd braf. Ro'n i'n gallu cyfuno bod yn fam
i Heledd ag ymrwymiadau *Pobol y Cwm*, ac roedd Glyn yn
dal i weithio gyda Theatr Crwban yn Aberystwyth. Byddai
e'n brysio'n ôl adre gyda'r nos i roi bath i Heledd ac adrodd
straeon bach iddi yn y gwely. Ymhen ychydig, fe symudon ni i
Benparcau yn Aberystwyth, oedd dipyn yn agosach at weddill
y byd, ac roedd Glyn wedi dechrau ysgrifennu dramâu erbyn
hyn. Mae e'n awdur medrus iawn, ac yn ogystal â dramâu i
Theatr Crwban, ysgrifennodd e *Baled Alun Jones*, a gafodd
gryn lwyddiant, y ffilm *Lawr â Nhw* a llawer o benodau *Pobol
y Cwm* ymhlith pethau eraill. Mae'n drueni mawr nad yw e'n

dal i ysgrifennu, oherwydd mae shwd gymaint o dalent gydag e, ac mae'n fy ngwneud i'n flin nad yw e'n defnyddio'i ddoniau fel dyle fe. Mae gwir glust gydag e a chof fel eliffant am bethau bach, doniol mae pobl yn eu dweud, ac mae'r gallu 'da fe i'w troi nhw'n sefyllfa ddigri. Byddai ambell i ymadrodd fyddai Heledd neu fi'n ei ddefnyddio yn ymddangos yn un o'i ddramâu'n reit aml – wy'n cofio galw *tumble dryer* yn *tumbling dryer* unwaith – ac o fewn dim roedd e wedi'i fachu fe.

Un cymdeithasol fu Glyn erioed. Dyna ddenodd fi ato yn y lle cynta – yr hwyl oedd o'i gwmpas bob amser. Ond o dipyn i beth, dechreuodd ei lygad grwydro, ac roedd e mas yn cymdeithasu'n amlach nag oedd e gartre. Roedd e'n mwynhau ei beint a'i frandi, ac yn joio canu ac yfed gyda chriw o ffrindiau yn y Cŵps yn fwy na bod yn styc yn y tŷ. Ro'n i'n brysur gyda *Pobol y Cwm* ar y pryd, a bydden i a Heledd yn aros 'da Mam yng Nghwmllynfell tra 'mod i'n gweithio. Er taw dyna'r unig ffordd o'n i'n gallu gweithio pethau, mae'n siŵr nad oedd yn help i berthynas Glyn a fi. Tyfodd rhyw bellter rhyngon ni, ac roedden ni'n dau'n gallu gweld ein hunain yn mynd i gyfeiriadau gwahanol. Gafodd e gyfle i ffilmio'r gyfres deledu *Glas y Dorlan*, ac erbyn hynny, roedd yn amlwg i fi ei fod yn dechrau ffeindio'i ffordd ei hun, a falle nad oedd lle i fi ar y ffordd honno.

Pan oedd Heledd tua phump oed, symudon ni i fyw i Gaerdydd. Roedd *Pobol y Cwm* yn prysuro ac yn cael ei darlledu bob nos. Roedd hwnna'n gyfnod cyffrous iawn i ni yn y gwaith, yn ymarfer a ffilmio golygfeydd oedd yn cael eu darlledu'r un nosweth. Roedd yn gwneud synnwyr i fi fod yng Nghaerdydd, ond roedd Heledd hefyd yn dod i oedran lle o'n i moyn bywyd mwy sefydlog iddi, yn lle ei bod hi'n gorfod teithio 'nôl a mlaen a rownd y lle i gyd. Erbyn i ni symud, roedd Glyn a fi'n fwy fel ffrindiau na gŵr a gwraig. Roedd e'n ei chael yn anodd aros gydag un fenyw, ddwedwn ni, ac roedd e'n shwd *charmer* fel nad oedd syndod fod merched eraill yn cael eu swyno ganddo. Fe drion ni i gadw pethau i fynd, ond ar ôl rhyw chwarae 'nôl a mlaen am sbel, erbyn y diwedd, dim ond hyn a hyn all unrhyw un ei gymryd. Doedd hi ddim yn syndod nac yn newyddion i fi pan ddatblygodd perthynas rhyngddo fe a menyw arall – doedd hynny'n ddim byd newydd – ond y tro hwn, roedd 'na fabi ar y ffordd. Doedd dim gobaith iddo fe a fi gario mlaen wedyn.

Roedd y blynyddoedd ola gyda Glyn yn anodd a dweud y lleia, ond ro'n i'n dal yn siomedig ofnadwy pan chwalodd y briodas yn y diwedd. Er 'mod i wedi bod drwy ysgariad o'r blaen, doedd y berthynas gyda Kevin yn ddim o'i chymharu â'r bywyd o'n i wedi'i adeiladu gyda Glyn. Y tro cynta, ro'n i'n ifanc ac yn llawn dyheadau at y dyfodol, ond y tro hwn fe dorrais fy nghalon. Mae chwalu tŷ a chartref ac atgofion yn beth anodd dros ben, yn enwedig pan mae 'na blentyn yng nghanol y cyfan. Heledd druan ddioddefodd waetha, does dim amheuaeth am hynny. Bydden i wedi hoffi gallu parhau – er mwyn Heledd yn bennaf – ond nid fel 'ny oedd hi i fod. Roedd yn anodd iawn, yn enwedig o wybod ei fod e'n dechrau bywyd newydd gyda phlentyn newydd. Ond falle taw'r peth wnaeth frifo Heledd fwyaf oedd ei fod e a'i deulu newydd wedi symud o Gaerdydd, ar ôl iddo addo iddi y byddai'n aros yn agos. Sut mae esbonio wrth blentyn bach nad cael ei gadael ar ôl oedd hi?

Gyda hynt y blynyddoedd, mae'r clwyfau wedi cau ac er bod creithiau'n dal yna, wy'n falch o ddweud bod fy mherthynas i 'da Glyn wedi gwella, ac yn bwysicach, mae perthynas Heledd 'da fe a'i deulu newydd yn dda iawn erbyn hyn. Mae Glyn wedi fy helpu i drwy nifer o adegau anodd iawn yn fy mywyd, ac er gwaetha'r holl dorcalon a phoen, sai'n difaru fy mherthynas i 'da fe o gwbwl. Gethon ni flynyddoedd da, a fe yw'r un roddodd y peth pwysicaf oll i fi, sef Heledd.

Ar ôl yr ysgariad, ro'n i'n fam sengl, ac mae unrhyw un sy wedi bod yn y sefyllfa honno'n gwybod mor anodd yw jyglo gofynion gwaith a chartref. O'n i mor lwcus o Mam yn y cyfnod hwn. Fyddai hi'n dod i aros 'da fi'n gyson, ac mae 'niolch i'n fawr iddi hi am fy helpu i greu cartre sefydlog i Heledd, ac rwy'n siŵr fod Heledd wedi elwa llawer o gael cymaint o'i chwmni hi hefyd yn blentyn bach. Fydde'r ddwy ohonon ni'n mwynhau cael dianc o Gaerdydd i fynd i aros 'nol yn y Pant, ac roedd Mam hefyd yn edrych ymlaen at ein croesawu, ac yn gwneud te parti bach yn y prynhawn pan fydden ni'n cyrraedd, gyda'r llestri ail orau – byth y llestri gorau; dim ond ar adegau pwysig iawn oedd y rheini'n cael dod mas – a llond y lle o frechdanau a theisennod. Wy'n siŵr fod popeth yn barod 'da hi erbyn amser cinio bob tro, a dyna lle fyddai hi wedyn yn cerdded yn ôl a mlaen at y gât yn aros i ni gyrraedd, a gwneud yn siŵr fod y ford yn y gegin yn gymen.

Roedd gen i gylch da iawn o ffrindiau yng Nghaerdydd ac roedden ni i gyd yn helpu'n gilydd, a rhaid i fi ganmol y BBC fel cyflogwr am fod mor hyblyg pan oedd yn bosib iddyn nhw fod. Yn lwcus iawn i fi, ro'n i'n ennill arian da ar y gyfres, felly o leia doedd gen i ddim gofid ariannol, ac roedd hi'n bosib i fi gyflogi nani am sbel hefyd a fydde'n hebrwng Heledd 'nôl a mlaen i'r ysgol.

Pennod 11

E r gwaetha fy mhroblemau personol a'r boen yn sgil
chwalu'r briodas, alla i ddim credu bod gwell lle i fyw
ynddo yn y byd na Chaerdydd yn nghanol yr wythdegau. Roedd
cymaint yn digwydd yna, yn enwedig yn y byd Cymraeg. Roedd
S4C wedi dechrau ers blwyddyn neu ddwy, ac roedd hynny
wedi denu pobl o bob cwr o Gymru i fwynhau bywyd y ddinas.
Roedd rhyw hyder yn treiddio drwyddon ni, ac am y tro cynta,
doedd dim angen ymddiheuro am fod yn Gymry. Jiawch, roedd
cannoedd ohonon ni'n gweithio mewn diwydiant fyddai ond â
lle i ryw ychydig ddegau o bobl ymroddgar ddegawd ynghynt.
Roedd ysgolion newydd yn agor o gwmpas y ddinas i ateb y
galw enfawr am addysg Gymraeg, ac roedd cryn ddiddordeb
mewn ailddarganfod diwylliant oedd wedi mynd ar goll i lawer.

Roedd Heledd yn un o blant y dosbarth cynta a aeth drwy
Ysgol Treganna yn Radnor Road yng ngorllewin y ddinas.
Doedd y plant eraill yn y dosbarth ddim i gyd yn Gymry
Cymraeg, er bod nifer dda ohonyn nhw'n deall cryn dipyn cyn
dechrau yno. Roedd yr ysgolion Cymraeg yn denu pob math
o bobl, a thrigolion Treganna'n croesawu'r datblygiad cyffrous
hwn ac yn ymroi iddo'n frwd. Tyfodd perthynas arbennig
ymhlith y rhieni, yn enwedig y mamau, a des i'n ffrindiau agos
'da llawer ohonyn nhw. Mae mamau drwy'r wlad yn mwynhau
clonc y tu allan i gatiau'r ysgol, a doedden ni'n ddim gwahanol.
Daethon ni'n griw reit agos, ac roedden ni'n gwneud rhywbeth

fel criw byth a hefyd. Un o'r pethau mwya poblogaidd oedd mynd â'r plant i chwarae yn Thompson Park ger yr ysgol i fwydo'r hwyaid, ac i redeg yn y cae lle'r oedd mabolgampau'r ysgol yn cael eu cynnal bob blwyddyn, achlysur oedd yn denu'r rhan fwyaf o'r rhieni i gefnogi, gan gynnwys Gwenlyn Parry a fyddai'n yn eistedd yn ei *deckchair* yn mwynhau'r cwbwl wrth i'w ferch, Marged, redeg a neidio gyda'r lleill.

O dipyn i beth, ddechreuon ni'r criw mamau fynd am ambell i noson mas yn y ddinas, lle bynnag oedd chwant arnon ni fynd – Champers oedd un o'n hoff lefydd, lle byddech chi'n dewis eich cig ac yn ei wylio'n cael ei goginio, i gyfeiliant sawl potel o *bubbly*, wrth gwrs.

Aeth yn arferiad 'da ni gwrdd yn nhai ein gilydd cyn noson mas i gael gwydred neu ddwy cyn mynd i ganol dre. Yn amlach na pheidio, byddai pawb yn dod draw i 'nhŷ i, ac ar fwy nag un achlysur, roedden ni'n cael cymaint o hwyl fel na drafferthon ni adael y gegin – pawb yn *dressed to the nines* ac yn cael cystal hwyl yn y tŷ ag y bydden ni mewn clwb nos.

'Wy ddim yn cofio pwy awgrymodd y syniad o fynd am drip gynta, ond fuon ni'n siarad dipyn am y sbort gallen ni ei gael trwy fynd bant am noson neu ddwy i jolihoetian. A ble sy'n well am hwyl a sbort go iawn na Blackpool? Unwaith i'r syniad gydio, doedd dim symud arno, a dyna ddechrau trafod a chynllunio. Jackie John oedd yr arweinydd – roedd hi'n wych am drefnu. Roedd mab Jackie, David, yn yr un dosbarth â Heledd, ac roedd ganddi ferch iau hefyd, o'r enw Becky, felly roedd hi'n un o'r *regulars* ar bwys gât yr ysgol. Yn ogystal, roedd Jackie Horton, Anne Stewart, Terena, Denise, Dianne a fi – ni oedd yr *hardcore*, os licwch chi, fyddai'n cwrdd ar benwythnosau – ond wrth i fwy o famau glywed am y trip,

daeth nifer o rai eraill aton ni, ac erbyn i'r diwrnod mawr
gyrraedd, roedd ymhell dros ugain ohonon ni'n cychwyn o
Gaerdydd ar brynhawn Gwener mewn bws.

Roedd y trip cynta yn gymaint o lwyddiant nes i ni fynd
ati bob blwyddyn wedyn i drefnu'r penwythnos mawr yn
Blackpool. Byddai pawb yn cynilo drwy'r flwyddyn ac yn rhoi
arian mewn cyfri arbennig ar gyfer y bws a'r gwesty. Roedd y
daith lan yn antur ynddi'i hunan. Byddai Jackie John yn trefnu
gemau bingo a gwobrau i bawb, ac erbyn amser cinio, fyddai
Denise, oedd wastad â dipyn bach o steil yn perthyn iddi, yn
tynnu *candelabra* a *doilies* mas o'i bag, a brechdanau ciwcymbr
heb grystiau a chacennau bach delicet – gwledd yn wir.

Ond os oedd steil ar y bws, roedd ambell un o'r gwestai
bydden ni'n aros ynddyn nhw ymhell o fod yn grand. Dim
ond ar gyfer cysgu roedden ni ishe'r gwesty 'ta beth, felly i
beth elen ni i wario arian mawr? Roedden ni'n hapus ond i ni
gael rhywle am bris deche. Ond un flwyddyn, roedd y gwesty
gethon ni – wel, prin alla i ei alw fe'n westy a dweud y gwir – yn
ddychrynllyd. Roedd tyllau yn llawr yr ystafell ymolchi oedd
yn mynd drwodd i'r ystafell islaw, ac roedd drysau'r wardrob
yn dod bant yn ein dwylo. Fe wnaeth y perchnogion ryw
ychydig o ymdrech serch hynny – pan aethon ni lawr am swper
cyn mynd allan, roedd record o emynau Cymraeg yn chwarae
i wneud i ni deimlo'n gartrefol. Falle fod hwnna i fod i dynnu'n
sylw oddi ar y bwyd, oedd yn ddi-flas ar y gorau, ac erbyn dydd
Sul, a chinio rhost o fath yn cael ei weini, roedd bwced slop
yng nghanol yr ystafell i daflu'r bwyd gwastraff iddo – ac roedd
digon o hwnnw hefyd. Wy'n cofio Anne Stewart druan â golwg
reit wyrdd arni wrth frathu drwy sbrowten a honno'n bwdwr i
gyd.

Y drefn oedd cael noson mas ar y nos Wener a'r nos
Sadwrn, a siopa drwy'r dydd Sadwrn. Byddai Anne Stewart a
fi bob amser yn mynd i chwilio am anrhegion bach i'r plant
'da'n gilydd. Gan ein bod ni wastad yn mynd ym mis Hydref,
byddai'r siopau'n dechrau llenwi â nwyddau'r Nadolig, felly
bydden ni'n prynu beth bynnag oedd yn ffasiynol ar y pryd –
un flwyddyn, daeth pawb yn ôl i'r bws â bagiau'n llawn stwff
y Simpsons, a blwyddyn arall, Teletubbies oedd popeth. Wn
i ddim pam, ond pan y'ch chi ar eich gwyliau, mae popeth
yn edrych yn wych – fydden ni'n gadael Blackpool yn falch
ofnadwy o'r anrhegion hyfryd yma, ond erbyn cyrraedd
adre, gweld taw rhyw hen racs o bethau oedden nhw. Ac mae
cannoedd, os nad miloedd, o fagnets gen i ar yr oergell o hyd.
Ond yn ddi-ffael, ro'n i'n gwneud yn siŵr 'mod i'n prynu tri
phaced o roc Blackpool bob tro – un i'r merched gwisgoedd yn
y BBC, un i'r merched colur ac un i'r ystafell werdd. Fydden i
ddim wedi cael maddeuant am anghofio dod â'r rheini.

Un o'r llefydd fuon ni'n mynd iddo'n rheolaidd oedd Nellie
Dean's, lle byddai digon o ganu ac awyrgylch wych. Roedd
llawer o Gymry'n mynd yno, ac yn amlach na pheidio bydden
ni'n gweld rhywrai oedd wedi dod draw o'r gogledd am y
penwythnos, ac fe ddaethon ni i hanner nabod nifer o bobl
ddaeth yn wynebau cyfarwydd ar ôl i ni eu gweld yno flwyddyn
ar ôl blwyddyn.

Roedd y criw i gyd yn hoffi hwyl a gwisgo lan i fynd allan,
ac am ein bod ni'n ddigon pell o gartre, roedd pawb yn joio
mas draw a chael amser wrth ein bodd. Roedden ni'n werth
ein gweld hefyd – yn mwynhau ffasiynau mawr yr wythdegau
i'r eithaf. Roedd gen i bob amser ewinedd lliwgar ffug, ac o'n i
wrth fy modd yn dal sigaréts coctel Sobranie yn eu gwahanol

liwiau pinc, melyn a phorffor, er mwyn edrych yn *chic*. Malibu a llaeth oedd hoff ddiod Jackie Horton – ar unrhyw adeg o'r dydd, hyd yn oed amser brecwast, ond o'n i'n ddigon hapus â *gin* bach fel arfer. Wy'n cofio methu penderfynu un bore p'un a ddylen i gael *gin* ynte Gaviscon i setlo'n stumog ar ôl noson fawr. Un noson, ges i ychydig o drychineb cyn mynd allan – torrodd y *zip* ar fy ffrog – ond fel fflach, dyma Dianne yn tynnu nodwydd ac edau o'i bag a fy ngwnio i 'nôl mewn iddi i wneud yn siŵr na fydden i'n colli'r un eiliad. Un noswaith arall, ddygodd Jackie John un o fy sgidiau, felly gorfod i fi gerdded 'nôl i'r gwesty ag esgid stileto ar un droed, a theits tenau, du ar y llall. Roedd golwg ofnadwy ar y sanau erbyn i ni gyrraedd 'nôl, a beth wnaethon ni yn lle eu rhoi yn y bin oedd eu gosod mewn amlen a'u postio at Glyn, druan, yng Nghaerdydd. Wn i ddim beth oedd ei ymateb pan agorodd yr amlen, ond i ni oedd yn Blackpool ar y pryd, dyna'r peth doniolaf erioed.

Wedyn un noson, gyrhaeddodd Ann a fi 'nôl ychydig yn hwyrach na'r lleill, ac er mwyn cael tipyn bach o hwyl, fe dynnais fy nghot a'i gadael wrth droed y grisiau, yna gadael esgid hanner ffordd lan, ac ymlaen yn yr un ffordd yn gadael dilledyn fan hyn a fan draw, fel bod pawb yn meddwl yn y bore 'mod i wedi cael noson o angerdd gwyllt wrth ruthro i'r gwely 'da rhyw *hunk*. Doedd dim o'r fath beth wedi digwydd, cofiwch – er bod ambell i ddyn digon deniadol o gwmpas y lle. Aeth un yn arbennig â fy ffansi – roedd e'r un spit â Tom Jones, yn gwmni gwych, a ges i dipyn o sbort 'dag e. Roedd y cwbwl yn ddiniwed iawn – rhyw ychydig o fflyrto oedd y cyfan – ond mae'r atgof amdano wedi parhau, efallai am iddo ysgrifennu cerdd fach i fi. Wel, pwy sy ddim yn hoffi rhywun sy'n neud i chi deimlo'n sbeshal?

Wy'n dal i chwerthin hyd heddiw am y castiau dwl roedden ni'n eu chwarae. A dyna fydden ni'n ei wneud – o'r eiliad fydden ni'n camu ar y bws ar bnawn dydd Gwener nes i ni gyrraedd 'nôl i Gaerdydd yn gwbwl luddedig nos Sul – chwerthin nes torri'n boliau.

Roedd y tripiau hyn yn chwa o awyr iach yn ein bywydau. Roedd pawb yn gweithio'n galed, a nifer ohonon ni'n mynd drwy gyfnodau digon anodd, felly roedd un penwythnos y flwyddyn o gael bod yn gwbwl sili yn donig llwyr, a bydden ni'n edrych ymlaen ato'n eiddgar bob tro dros y tair blynedd ar ddeg a mwy y buon ni'n mynd i ffwrdd.

Mae'n rhyfedd meddwl bod sawl mam-gu ymhlith y criw brith erbyn hyn, ac mae'n annhebygol y bydden ni cweit mor wyllt bellach. Ond wy'n reit siŵr, tasen ni'n mynd amdani un tro ola, y byddai'r blynyddoedd yn diflannu, a bydden ni'n ôl yn llawn bywyd a sbort gynted fyddai'r criw 'da'i gilydd ar y bws.

Pennod 12

Roedd pwysau gwaith *Pobol y Cwm* yn drwm iawn yn y cyfnod hwn. Pan ddechreuais i weithio ar y gyfres, dim ond dwywaith yr wythnos roedd hi'n cael ei darlledu, ond erbyn hyn roedd 'na raglen bob nos. Os byddai stori drom 'da cymeriad, gallai fod angen saethu pymtheg a mwy o olygfeydd mewn diwrnod, oedd yn gofyn lot o waith dysgu a chanolbwyntio. Pan ddechreuodd y patrwm newydd, roedden ni'n recordio golygfeydd i'w darlledu yr un diwrnod. Roedd rhyw wefr arbennig yn treiddio drwy'r holl gynhyrchiad yn ystod y cyfnod yna. Byddai ambell i gyfarwyddwr yn gweithio'n gynt na'i gilydd, ac un neu ddau ohonyn nhw mor bwyllog nes y bydden ni'r actorion yn edrych ar fysedd y cloc yn mynd rownd ac yn pryderu na fydden ni'n dod i ben â hi.

Roedd yn gyfnod diddorol hefyd oherwydd beth oedd yn cael ei alw'n *topical insert* (neu *tropical insect* i ni'r cast), sef ymateb i rywbeth yn newyddion y dydd, oedd yn cael ei ysgrifennu a'i ffilmio yr un diwrnod. Byddai'r adrenalin yn pwmpio ar y dyddiau hyn, wrth i ni ddysgu'r llinellau, ymarfer a saethu'r olygfa yn erbyn y cloc. Un tro, roedd hi'n adeg etholiad, ac roedd gŵr Doreen, Stan Bevan, yn sefyll i fod yn gynghorydd lleol. Y bwriad oedd saethu golygfa fyddai'n adlewyrchu tueddiadau gwleidyddol y wlad yn unol â chanlyniadau'r etholiad. Roedd raid aros i'r canlyniadau gael eu cyhoeddi er mwyn i ni gael gwybod i ba gyfeiriad roedd y gwynt yn chwythu. Yn anffodus, does dim modd rhagweld yr hyn sy'n mynd i ddigwydd mewn etholiad, ac roedd y canlyniadau mor hwyr yn dod i mewn nes bu bron i ni orfod gwneud yr olygfa'n fyw. Doedd fawr ddim amser i ddysgu'r llinellau. Byddai *idiot boards* â'r ddeialog arnyn nhw wedi eu gosod o gwmpas y set wedi bod yn help i ni, ond na – roedden ni ar ein pennau'n hunain ac yn gorfod cofio pob dim. Yn y diwedd, roedd hi mor agos, doedd dim amser i chwarae'r olygfa 'nôl hyd yn oed, dim ond gorffen ffilmio a gadael y set wrth i'r cyhoeddwr *continuity* draw yn S4C wahodd y gwylwyr i ymuno â'r digwyddiadau diweddara yng Nghwmderi, ac wedyn pwyso'r botwm i chwarae'r tâp.

Pan y'ch chi'n gweithio oriau hir yn rheolaidd, ac yn byw bywyd rhywun arall ar y sgrin dros gyfnod, ambell waith mae'r cymeriad yn gallu dod yn rhan ohonoch chi fel actor. Trwy lwc, ddigwyddodd hynny ddim i fi gyda Doreen, a hithau wedi cael y fath fywyd anodd, ond ro'n i'n hoff iawn ohoni serch hynny. Fe ddioddefodd sawl ergyd gas, druan, ond un o'r straeon mwyaf trawiadol, a barodd am rai blynyddoedd, oedd ei pherthynas danllyd â'i mab Barry John. Buodd sawl actor yn chwarae'r rhan, ond yr un roddodd y portread mwya cofiadwy ohono oedd Geraint Morgan. Roedd perthynas dda iawn gyda ni'n dau ar y sgrin, ac er nad oedd gen i fab, ro'n i'n teimlo'n famol iawn ato. Ta beth, y stori fawr yng Nghwmderi oedd fod rhywun wedi bod yn treisio merched ifanc y pentre, a neb yn gwybod pwy oedd wrthi. Ond pan dreisiwyd cymeriad Karen, y mecanic, sylweddolodd hi taw Barry John oedd yn gyfrifol. Roedd hon yn stori enfawr, ac rwy'n credu i ni ddangos y berthynas agos rhwng y fam a'i mab, a'r boen roedd hi'n ei deimlo wrth ffieiddio at yr hyn roedd e'n ein wneud, ond yn dal i'w garu drwy'r cyfan.

Diwedd y stori oedd i Barry John gael ei garcharu, ac iddo grogi ei hun yn ei gell ddydd Nadolig. Doedd dim llawer o ysgafnder yn y stori, wrth reswm, ond digwyddodd un peth eitha digri ychydig yn ddiweddarach pan o'n i a'r merched mewn parti. Roedd pawb wedi bod yn dilyn *Pobol y Cwm*, ac yn trafod pa mor ofnadwy oedd y sefyllfa ac yn cydymdeimlo â Doreen am yr holl bethau ofnadwy roedd hi wedi'u dioddef. Yn nes ymlaen, daeth menyw oedd yn amlwg wedi clywed dipyn o'n sgwrs draw at un o fy ffrindiau â golwg ddifrifol iawn ar ei hwyneb. 'That poor woman,' medde hi, 'she's seen a lot hasn't she? What a sad life she's had. But she's coping so well.' Druan – doedd hi ddim yn sylweddoli nad oedd gair o wirionedd yn yr hanes.

Pan ddechreuais i ar *Pobol y Cwm*, y set a'r *props* oedd y broblem fawr – oedd y tap yn mynd i weithio? Fyddai'r drws yn agor? Wrth i dechnoleg ddatblygu, roedd y saethu'n mynd yn fwy uchelgeisiol hefyd, a bydden ni'n cael mynd allan o'r stiwdio'n amlach i ffilmio ambell i olygfa. Un diwrnod, roedd gen i olygfa syml iawn gyda Gwyn Elfyn, oedd yn chwarae Denzil, tu fas i dafarn y Sportsman's Rest yn Llanbedr-y-fro, sef lleoliad ffilmio golygfeydd allanol y Deri Arms. Roedd Denzil yn eistedd yn ei gar a'r ffenest ar agor, ac ro'n i i fod i gerdded ato a chael sgwrs drwy'r ffenest. Dyma ni'n ymarfer – dim problem. Ond pan ddaeth hi'n amser saethu, taranodd confoi o loris mawr swnllyd i lawr y ffordd. Reit, stop, dechrau eto. Wrth i ni ddechrau troi, aeth trên heibio. 'Nôl â ni i'r dechrau, ac wrth fynd amdani, hedfanodd awyren uwch ein pennau. Felly, dyma fynd am bedwerydd *take*, ond y tro hwn, ymddangosodd criw o blant, yn gweiddi a lapan wrth redeg adre o'r bws ysgol. Doedden ni ddim yn credu'r peth – doedd dim byd arall yn

mynd i'n rhwystro ni, doedd bosib? Erbyn hyn, roedd amser
yn dechrau gwasgu – ddylai'r olygfa hon fod wedi'i chwblhau'n
ddiffwdan, ond roedd hi'n bwyta mewn i'r amser ffilmio. *Take*
arall amdani 'te, ac aeth y cyfan yn iawn nes i fi agor fy ngheg
i siarad – a dyma fuwch yn y cae gerllaw yn brefu'n uchel. Dim
ots pa mor soffistigedig yw'ch offer a'ch technoleg, does dim byd
fedrwch chi ei wneud i atal y byd tu fas rhag mynd yn ei flaen.

Pennod 13

Ambell waith, y cyfan o'n i am ei wneud oedd cau'r drws ar y byd a threulio amser 'da Heledd, jest ni'n dwy. Wrth iddi dyfu'n hŷn, roedd y teimlad yna'n cryfhau, yn enwedig pan ddaeth yn amlwg nad oedd hi'n hapus yn yr ysgol. Y gwir amdani oedd ei bod yn cael ei bwlio, ac fe drodd y ferch fach annwyl oedd wastad â gwên yn un dawel oedd ddim ishe mynd i unman na gweld neb. Es i siarad â'i hathrawon yn Ysgol Glantaf sawl gwaith, ac esbonio beth oedd yn digwydd iddi, ond wnaethon nhw ddim byd am y sefyllfa. Peth ofnadwy yw gweld eich plentyn yn diodde, a phobl ddim yn ei chredu hi – na chi. Roedd un aelod o staff es i i'w gweld yn mynnu bod Heledd yn gorymateb, nad oedd pethau mor wael â hynna, ac roedd yn gwrthod credu bod plant eraill – plant 'da' yn yr ysgol – yn gallu ymddwyn mor gas. Wy'n diolch i'r drefn nad oedd cymaint o ddefnydd ar y rhyngrwyd bryd hynny – mae straeon ofnadwy am greulondeb plant at ei gilydd y dyddiau hyn. Ond roedd hi'n ddigon gwael fel oedd hi, i'r fath raddau i fi ddarganfod un diwrnod nad oedd Heledd wedi bod yn mynd i'r ysgol o gwbwl. Fyddai hi'n gadael y tŷ yn y bore, yn dal y bws gyda ffrind iddi ac wedyn yn mynd i ganol dre i loetran yn lle mynd i'r ysgol. Drion ni bopeth, gan gynnwys ei symud i ysgolion eraill, ond doedd hi ddim yn gallu setlo yn unman. Yn y pen draw, doedd dim byd yn gweithio, a gadawodd y ferch ddisglair, addawol hon yr ysgol cyn sefyll ei harholiadau TGAU, heb unrhyw gymhwyster o gwbwl.

Gytunodd hi i gofrestru mewn coleg addysg bellach yng Nghasnewydd i wneud cwrs – doedd dim ots 'da fi beth oedd hi'n ei wneud, jest ei bod hi'n setlo i ddisgyblaeth y coleg – ond ar ôl iddi ddechrau, cwrddodd hi â rhyw foi, a cholli'i phen amdano fe. A dyna ni, faint oedd hi – un ar bymtheg oed – yn symud i fyw 'dag e mewn rhyw hen fflat ddiflas yng Nghasnewydd. Cyn y cyfnod hwn, roedd hi'n mynd drwy ryw ffad o fod yn Goth hefyd, ag ewinedd du a wyneb gwyn, a gwallt du, du – roedd golwg arni, bois bach. Un noson fe gafodd ei bwrw gan gar – wel, nag o'n i'n synnu, achos doedd dim posib i'r gyrrwr ei gweld hi, mae'n siŵr. Trwy lwc, roedd y car yn mynd yn araf iawn, a dim ond torri ei braich wnaeth hi, diolch i'r drefn; ond ro'n i'n becso'n ofnadwy amdani, yn poeni beth oedd hi'n mynd i'w wneud, yn ei gweld hi'n styc mewn fflat 'da rhyw foi, yn gwastraffu ei bywyd, a chymaint 'da hi i'w gynnig i'r byd.

Roedd digon gen i i fecso amdano yn fy mywyd ar wahân i'r pryderon am Heledd, ond pan y'ch chi'n fam, does dim yn bwysicach na bod eich plentyn yn hapus. Ond o dipyn i beth fe sylweddolais i nad oedd diben i fi nago a choethan arni drwy'r amser. Roedd digon yn ei phen hi, a ddwedes i wrtha i'n hunan: 'Ma hon yn mynd i sorto'i hunan mas, t'mod.' Rywsut, ro'n i'n reit siŵr y bydde hi'n dod 'nôl ata i. A dyna ddigwyddodd. Bu raid iddi hi gael llawdriniaeth ar ei llygaid am fod ei *retinas* wedi dod yn rhydd, ac ar ôl dod mas o'r ysbyty, daeth hi i fyw ata i. Erbyn hyn, ro'n i wedi symud 'nôl i Gwmllynfell ac yn falch o gael ei chwmni. Sylweddolodd hi fod angen iddi gael trefn arni ei hunan, a phenderfynodd fynd i Goleg Castell-nedd i wneud ei Lefel A. Chwarae teg iddi, gwnaeth hi'n arbennig o dda. Y cam nesa oedd gwneud cais i fynd i'r brifysgol, a bwriodd iddi'n frwd. Cafodd ei derbyn ym mhob prifysgol y gwnaeth gais iddi, ond ar ôl ymweliad â Totnes i gael golwg ar Dartington Hall, anghofiodd hi am bob cynnig arall – doedd hi ddim hyd yn oed am ystyried unrhyw goleg ond am hwn. Syrthiodd mewn cariad â'r lle, a gweld y gallai hi berthyn yno. Coleg yn arbenigo yn y celfyddydau oedd e, ac roedd yn cynnig cyfleoedd i fyfyrwyr fynd i bob math o gyfeiriadau. Roedd gweld y fath frwdfrydedd yn codi 'nghalon, felly ro'n i'n ddigon balch pan benderfynodd hi fynd lawr i Devon. Daeth Glyn gyda fi i'w hebrwng hi mewn bob o gar yn llwythog â stwff ar gyfer y tymor cynta. Roedden ni'n dau mor falch ei bod wedi llwyddo i gyrraedd fan hyn, a hithau wedi bod drwy gyfnod mor anodd.

Ysgrifennu creadigol roedd hi'n ei astudio, a graddiodd dair blynedd yn ddiweddarach â 2:1. Doedd dim llawer o famau balchach na fi yno, alla i'ch sicrhau chi o hynny. Roedd y seremoni raddio yn Falmouth yn hyfryd. Daeth Glyn gyda fi eto, a chafodd y tri ohonon ni ddiwrnod gwych gyda'n gilydd. Roedd yn bosib i ni roi'r gorffennol y tu ôl i ni o'r diwedd, ymfalchïo ein bod wedi gallu dod drwy adegau tywyll iawn, ac y gallen ni wynebu'r dyfodol â pherthynas dda. Rwy'n trysori'r cyfeillgarwch a'r cwlwm sydd rhyngon ni'n tri yn fawr iawn.

Ar ôl gorffen yn y coleg, cafodd Heledd waith mewn canolfan alwadau yn Abertawe, a bu'n gweithio yno am gryn amser yn gwneud gwahanol swyddi, ac yn byw mewn fflat yn y ddinas. Roedd hyn yn grêt i'r ddwy ohonon ni, achos doedd hi ddim yn rhy agos nac yn rhy bell oddi wrtha i, ac roedden ni'n gallu gweld ein gilydd yn aml. Ond er ei bod i'w gweld yn ddigon bodlon ei byd, ro'n i'n gwybod nad dyma oedd hi wir am ei wneud, felly pan ddaeth y newyddion yn ddiweddar fod ei hadran hi yn y ganolfan yn cau, roedd hynny'n sbardun

i Heledd fynd i gyfeiriad gwbwl wahanol. Mi adawodd ei
swydd ar unwaith, rhoi'r gorau i'w fflat yn Abertawe a symud
i'r Bala at ei thad a'i deulu am yr haf i weithio mewn becws
er mwyn cynilo arian i dalu am gwrs Dysgu Saesneg fel
Iaith Dramor. Nagw i'n gwybod sut oedd hi'n dod i ben a
dweud y gwir, yn gwneud shiffts deuddeg awr, a phob math
o ddanteithion a chacennau o'i chwmpas drwy'r dydd yn y
becws fyddai'n ddigon i demtio unrhyw un; ond mae'n rhyfedd
beth gall rhywun ei wneud pan fydd nod clir yn y golwg. Ar
ôl cyfyngiadau bywyd yn y ganolfan alwadau, mae'r byd yn
agor iddi nawr, ac mae ei gorwelion yn eang ac yn gyffrous. Ei
gobaith yw mynd i rywle gwbwl newydd i weithio – Vietnam,
De Korea neu Dubai, efallai. Y bwriad, meddai hi, yw cael
profiad mewn sawl lle, ond erbyn 2016, mae'n gobeithio y bydd
wedi cyrraedd Brasil er mwyn cyfuno'i gwaith â mwynhau'r
Gemau Olympaidd yn y wlad honno.

Wy'n hynod o falch fod Heledd wedi dod o hyd i rywbeth
fydd yn ei herio hi ac yn rhoi pleser iddi hefyd, gobeithio. Ond
yn gymysg â'r balchder hwnnw, mae ychydig o chwithdod
hefyd. Ro'n i'n hiraethu ddigon ar ei hôl hi pan aeth i Devon,
felly Duw a ŵyr sut fydda i pan fydd hi ym mhen draw'r byd.
Ond dyna ni, mater o gyfarwyddo â'r sefyllfa yw hi, ac wy'n
argyhoeddedig y dyle hi fynd – ei hamser hi yw e, a ta beth, 'wy
wastad wedi ffansïo gwyliau yn Vietnam …

Pennod 14

Digwyddodd un o nosweithiau gorau – a phwysica – fy mywyd i yn y CIA yng Nghaerdydd rai wythnosau cyn y Nadolig yn 1995. Noson o'r enw 'The Biggest Office Party' oedd hi, a grwpiau hŷn fel The Troggs, Manfred Mann a'r Hollies yn chwarae ynddi. Benderfynodd Anne Stewart a fi fynd – *dressed up to the nines*, yn *diamanté* ac yn ffrils i gyd. Dyma'n union y math o noson o'n i'n ei mwynhau – cynllunio beth i'w wisgo am wythnosau, rhoi'r *make-up* a'r *bling* gorau amdanon ni, a mas i joio.

Roedd y lle'n orlawn, a phawb yn edrych mlaen at y Nadolig, felly roedd digon o hwyl yna. Pan ddaeth Manfred Mann mlaen, benderfynodd Anne a fi fynd i eistedd wrth y bar am jinsen fach, gan nad oedden ni'n ffans mawr o'r grŵp. Ar ôl cael ein seddi, bant ag Anne i'r toiled – ac o'n i'n gwybod byddai sbel cyn iddi ddod 'nôl, achos does dim lle ar y ddaear fel toiled menywod mewn nosweithiau o'r fath. Yn ogystal â gorfod ciwio am oesoedd, chi'n siŵr o weld rhywun chi'n nabod, ac mae 'helo' bach sydyn yn troi'n sgwrs chwarter awr. Ond doedd dim gwahaniaeth – roedd *gin* 'da fi, ac o'n i'n reit falch o gael eistedd lawr a neud dipyn bach o *people-watching*. Mae'n rhyfeddol beth allwch chi'i weld os cymerwch chi'r cyfle i edrych. Ar ôl synfyfyrio am ychydig, dyma fi'n clywed llais bach tu ôl i fi: 'Excuse me', a dyma fi'n troi rownd i weld y dyn 'ma'n edrych arna i a'i lygaid yn dawnsio. 'Do you mind,' gofynnodd e, 'would you show me your hands?' Rhyfedd, meddyliais i, ond godes i 'nwylo i'w dangos iddo. A mynte fe wedyn, 'Good.' Wel, on i wedi drysu erbyn hyn, ond gwenu wnaeth e, a dweud: 'Good – no wedding ring!'

Wy'n gwybod yn iawn pa mor *cheesy* mae hwnna'n swnio, ond roedd 'na rywbeth am y boi yma oedd yn gwneud i'r peth swnio'n ddoniol, a phan ofynnodd allai e brynu *gin* a *tonic* i fi, gytunes i'n syth. Gyflwynodd e 'i hunan – Brian oedd ei enw – a daeth e â chwpwl o'i ffrindiau i eistedd at Anne a fi pan ddaeth hi 'nôl o'r toiled. Ar ôl ychydig, gofynnodd i fi am fy rhif ffôn, ac wrth i fi ei basio draw, cydiodd Anne yn y darn papur ac edrych arno. 'Hey,' meddai hi, 'she must like you – she's given you the proper number.' Do wir, achos o'r foment fues i yn ei gwmni fe, ro'n i'n gwybod bod Bri yn arbennig. Y peth cynta un wnaeth e oedd tynnu 'nghoes i a gwneud i fi chwerthin, a dyna 'wy wastad yn ei gofio. Roedd e'n berson mawr – roedd ganddo lais mawr a chwerthinad mawr – ac roedd e wastad yn gweld ochr bositif pethau. Pan oedd Bri yn mwynhau, roedd e'n mwynhau mas draw, a phawb yn mwynhau gydag e.

Ta beth, fuon ni'n dawnsio am ychydig, ac yn sgwrsio, ac ar ddiwedd y noson, roedd e'n mynd 'nôl i Birmingham. Cyn iddo fynd, addawodd y byddai'n fy ffonio. O'n i wrth fy modd. Ond aeth y dyddiau heibio, a dim sôn am alwad. Alla i ddim â gwadu 'mod i'n siomedig, ond dyna ni, o'n i'n ddigon hen i beidio torri 'nghalon dros ryw ddyn dwl nad oedd yn trafferthu cadw at ei air.

Ond wir i ddyn byw, jest ar ôl y Nadolig, daeth galwad. Roedd Bri yn ymddiheuriadau i gyd, ac yn dweud ei fod wedi bod yn petruso'n ofnadwy cyn ffonio rhag ofn nag o'n i moyn dim i'w wneud ag e. Ei fêt, Malcolm, oedd wedi'i berswadio

i alw yn y diwedd, ar ôl cael digon ar ei ddwli. Gytunon ni i
gyfarfod yn y dre ac, unwaith eto, es i'n *diamanté* ac yn *jangles* i
gyd, yn fy nghot Bet Lynch orau – un fawr sy'n edrych fel croen
llewpart. Gynted welon ni'n gilydd, roedd e fel petaen ni wedi
nabod ein gilydd ers blynydde. Roedd gydag e rosyn coch i fi,
y rhosyn mwya truenus weles i erioed, ac wrth ei roi i fi, roedd
yn ymddiheuro unwaith eto, y tro hwn am ei fod wedi eistedd
ar y rhosyn ar ei ffordd i gwrdd â fi. Gethon ni noson fach
lwyddiannus, a phecyn o chips yn Caroline Street ar ei diwedd
hi, a dyna ni, roedden ni'n mynd mas 'da'n gilydd.

O fewn ychydig, symudodd Bri i fyw ata i a Heledd yn yr
Eglwys Newydd. Roedd e'n gyrru mlaen 'da Heledd yn dda
iawn o'r dechrau, oedd yn ofnadwy o bwysig, wrth gwrs. Un o
Birmingham oedd e, er bod ei dad yn dod o ardal Casnewydd
yn wreiddiol. Ar ôl iddo fe a'i wraig ysgaru, daeth e i fyw yng
Nghaerdydd i ddechrau bywyd newydd. Roedd e'n gweithio
mewn gwahanol ffatrïoedd yn trwsio peiriannau mawr.

Ddysges i'n reit sydyn fod y rhosyn truenus yn eitha
nodweddiadol o Bri. Sai'n gwybod ife lletchwith oedd e neu
beth, ond roedd pethau'n tueddu i dorri neu fynd ychydig o
chwith o'i gwmpas, sy'n rhyfedd o ystyried ei waith. Pan oedd
Heledd yn byw yng Nghasnewydd, roedd crac yn ffenest y
fflat un tro, ac addawodd Bri ei drwsio. Aeth e â'r gwydr draw,
ac wrth i Heledd fynd i agor y drws tra oedd Bri cerdded lan
y grisiau tu ôl iddi, clywodd hi grash mawr. Pan edrychodd
i lawr, dyna lle roedd Bri yn sefyll fan 'na'n edrych lan arni,
ei freichiau'n dal ar led fel petai e'n dal y gwydr, a hwnnw'n
ddarnau mân ar lawr. Dro arall, aethon ni am fwyd i dafarn
yr Halfway, a thra oedden ni'n aros am ein bwyd, ac yntau'n
swingo'n ôl a mlaen ar y stôl, gwympodd e'n fflat ar ei hyd o

flaen pawb. Ei ymateb e? Datgan wrth bawb pa mor dda oedd gwin yr Halfway, gan ddweud bod cic da ynddo – a gwên fawr ar ei wyneb, fel arfer. Falle ei fod e'n drwsgwl, ond roedd Bri'n gallu troi sefyllfa anghyfforddus yn un i godi gwên.

Pennod 15

Tasen i'n rhoi cyngor i berson ifanc sy'n gobeithio mynd i actio, boed hynny yn y theatr, ar y teledu neu yn Hollywood, y cyngor yna fyddai: 'Joia fe tra galli di, achos neith e ddim para am byth.' Bues i'n lwcus iawn gyda Doreen. Roedd hi'n un o gymeriadau canolog *Pobol y Cwm*, felly roedd eitha sicrwydd y byddai hi'n para am sbel fach, o leia. Ond yng nghefn meddwl pob un ohonon ni bob amser, roedd pryder yn llechu y gallai hynny newid ar amrantiad. Y ffordd roedd y cytundebau'n gweithio oedd ein bod yn cael gwybod bod hyn a hyn o benodau 'da ni yn y bloc oedd ar fin dod, felly roedden ni'n cael ein talu yn ôl sawl pennod roedden ni'n eu gwneud.

Doedd hi ddim yn anarferol peidio â chael penodau mewn bloc penodol, ac er bod hynny'n golygu na fydden ni'n ennill yn ystod y cyfnod hwnnw, roedd y tâl yn dda – falle ddim cystal ag oedd ambell un yn ei honni, ond roedd yn ddigon i allu byw'n ddigon cyfforddus heb orfod chwilio am ddim byd arall i helpu i dalu'r biliau. Do'n i ddim yn poeni'n ormodol, felly, os na fyddai Doreen yn cael ei gweld bob wythnos yng Nghwmderi – roedd yn un o'r cymeriadau cyson, wedi'r cyfan. Mae llinyn straeon opera sebon yn para am rai wythnosau cyn i'r sylw symud at rywun arall. Tua chanol 1996, un o'r straeon oedd fod doctor y pentre, Doctor Rachel, oedd yn cael ei chwarae gan Judith Humphreys, yn priodi, ac roedd noson i ddathlu yn y Deri. Roedd trigolion y pentre i gyd yno, ac roedd y bennod yn

gorffen 'da fi'n codi gwydred o *champagne* a dymuno'n dda iddi.
A dyna ni. Ar ôl hynna, welwyd mo Doreen yng Nghwmderi am
flynyddoedd maith. Ddiflannodd hi – fel tase hi wedi mynd mas
y bac am bum munud, ond heb ddod 'nôl. Ches i erioed wybod
yn iawn pam ddigwyddodd hynny. Ar y dechrau, do'n i ddim yn
poeni; wedi'r cyfan, roedd hyn yn digwydd i bawb yn rheolaidd.
Ond daeth yn amlwg ar ôl rhai misoedd nad oedd gwaith yn
mynd i ddod – ac roedd raid derbyn, ar ôl dros bymtheng
mlynedd, falle fod yr hen Doreen wedi chwythu'i phlwc.

Wrth reswm, roedd hyn yn anafu, ac fe es i deimlo'n reit isel,
ond dyw teimlo'n isel ddim yn talu'r bils. Rwy'n un o'r bobl yna
sydd â gwydryn sy'n hanner llawn. Os wy'n cael fy mwrw lawr,
wna i fownso 'nôl lan. Dyw e ddim wastad yn rhwydd, ac mae
rhai pobl wedi dweud wrtha i eu bod nhw'n fy edmygu am fod
yn fenyw gryf, ond actores ydw i, a galla i guddio pob math o
bethau. Rwy wedi gorfod gwneud hynny sawl tro yn ystod fy
oes. Dydw i ddim wastad yn gryf – falle 'mod i'n torri 'nghalon
tu fewn – ond mae'r ffrynt yna'n bwysig. Dim ond y ci sy'n cael
fy ngweld i'n llefen.

Ond roedd y dyfodol yn edrych yn bur ansicr ar ôl i Doreen
ddiflannu rownd cefn y Deri, ac roedd raid i fi ddod o hyd
i waith er mwyn rhoi bwyd ar y ford. Weles i fod Asda ym
Mhentwyn yn recriwtio, felly bant â fi, a chael swydd yn llwytho
silffoedd. Fi oedd yn gyfrifol am y selsig a'r bara garlleg, y peis,
y pastis a'r bacwn. Fydden i'n dechrau shifft am chwech y bore
ac yn gweithio tan amser cinio. Wy'n credu y galla i ddweud â
llaw ar fy nghalon taw dyna'r peth mwya *boring* i fi ei wneud yn
fy myw, felly ar ôl gorffen llwytho'r silffoedd, er mwyn gwneud
i'r diwrnod fynd yn gynt, fydden i'n chwilio am bethau eraill i'w
gwneud – twtio a glanhau ac ati.

Yn siopau Asda yn y cyfnod hwnnw, roedd modelau mawr
plastig o ieir oedd yn clochdar a da oedd yn brefu pan fyddech
chi'n pwyso'u botymau – rhywbeth i ddifyrru'r plant. Un
diwrnod, a finnau wedi gorffen llwytho silffoedd, a heb fawr
ddim i'w wneud, weles i bod rhywun â bysedd bach brwnt
wedi bod yn gwasgu botwm y fuwch, felly cydiais mewn
clwtyn a dŵr a sebon a mynd ati i lanhau'r pen. Dyna lle o'n i'n
meindio 'musnes, pan glywais i lais menyw tu ôl i fi'n dweud,
'Jiw, shgwlwch wir. *Chi* 'di mynd lawr yn y byd, nag y'ch chi?'
Rhedodd fy ngwaed yn oer. Pwy hawl oedd 'da hon, pwy
bynnag oedd hi, i ddweud shwd beth wrth unrhyw un? Alla i
ddim gwadu bod gadael *Pobol y Cwm* wedi bod yn newid byd,
ond roedd cael shwd sylw coeglyd gan ddieithryn, a finnau'n
gweithio mor galed, yn brifo i'r byw.

Yn amlwg, doedd cyflog Asda ddim cystal ag arian *Pobol
y Cwm*, ond nid yr arian oedd yr unig beth o'n i'n gweld ei
eisiau. Ro'n i wedi bod wrth y gwaith ers blynyddoedd mawr,
ac yn mwynhau pob munud – dysgu'r llinellau, y cyfeillgarwch
a'r teimlad o berthyn, ac yn bennaf cael actio, sef yr un peth
o'n i mor hapus yn ei wneud. Roedd yn anodd iawn gweld
fy ffrindiau'n dal yn gwneud y jobyn fuodd 'da fi tan yn
ddiweddar. A phan gewch chi gyfle i actio ar y teledu, waeth
i ni fod yn onest, mae 'na faldod hefyd – a phwy fyddai ddim
yn mwynhau'r ffws? Os byddai diferyn o law yn disgyn pan
fydden ni'n ffilmio, byddai rhywun yn rhuthro draw ag ymbarél
yn syth, rhywun arall yn gwneud yn siŵr fod paned o de wrth
law a phawb yn gwneud lle i'r actor eistedd. Mae'n hawdd cael
eich swyno gan y fath ofal, ond mewn gwirionedd, mae 'na
reswm cwbl ymarferol drosto. Nid becso am hapusrwydd yr
actor maen nhw, ond diogelu'r wisg, achos os yw gwisg actor

yn gwlychu, fel ddigwyddodd i fi 'da Rachel Thomas 'slawer dydd, roedd pawb yn gorfod aros nes bod honno wedi sychu cyn ailafael yn y saethu. Ond ydy, mae'n deimlad braf. Ac oedd, roedd gwahaniaeth rhwng hynna a bod ar fy mhengliniau'n glanhau pen buwch plastig, ac wrth gwrs fyddai'n well 'da fi fod o dan yr ymbarél yna. Ond peidied neb byth â dweud 'mod i'n rhy falch i wneud jobyn caled o waith os yw e'n golygu rhoi bwyd ar y ford.

A finnau'n athrawes, rhywbeth gwerthfawr i'w gael wrth gefn mewn adegau caled (diolch Mam a Daddy), fues i'n gwneud ambell *stint* o waith cyflenwi hefyd dros y blynyddoedd yn ystod cyfnodau tawel *Pobol y Cwm*. Alla i ddim â dweud i fi gael cystal blas ar ddysgu ag y gwnes i yn Nhrebanos 'da'r plant bach annwyl yn y 1970au, ac er bod plant hyfryd mewn ambell i ysgol, fel Ysgol Treganna yng Nghaerdydd, ges i agoriad llygad yn rhai o ysgolion y cymoedd. Rwy'n credu taw ysgol yn ardal Aberpennar oedd yr un waetha. Ro'n i'n gallu gweld yn syth ei bod yn ysgol anodd. Roedd un plentyn yn fy nosbarth fyddai'n rhedeg allan o'r ystafell yn rheolaidd, a bydden ni'n ei weld e lan ar y mynydd yn codi llaw arnon ni. Cafodd sawl athro eu pwno gan rai o'r plant, a byddai ceir yn cael eu difrodi'n rheolaidd, a rhywun yn tynnu cyllell ar draws y paent i gyd. Falle na ddylen i synnu – pan gynhaliwyd noson rieni i drafod gwaith y plant, wnaeth dim un rhiant drafferthu dod yno.

Pennod 16

Ar ôl i fi fod yn gweithio yn Asda am ryw flwyddyn, un diwrnod dangosodd Bri hysbyseb i fi roedd e wedi'i weld yn y papur, yn gwahodd pobl i gyfweliad agored i weithio i gwmni colur Estée Lauder. Mae diddordeb mawr wedi bod 'da fi mewn colur erioed, felly benderfynais i fynd i weld beth oedden nhw'n ei gynnig.

Roedd hi fel ffair yng ngwesty'r Marriott yng Nghaerdydd, a dwsenni o ferched i gyd yn awyddus i gael swydd. Ro'n i, fel lot o ferched eraill, wedi brysio yno ar ôl gwaith, ond bu bron i fi ddigalonni o weld cymaint oedd wedi cael yr un syniad. Gan fod cynifer ohonon ni yna, doedd dim cyfle iddyn nhw roi cyfweliad iawn i neb, ond roedd rhyw gyffro drwy'r lle, ac ro'n i'n teimlo bydden i wir yn hoffi gweithio i'r cwmni. Wrth lwc, fi oedd un o'r rhai ffodus, a ches i fy nerbyn i weithio fel *associate*, oedd yn golygu teithio i unrhyw le yn y rhanbarth ar ran Estée Lauder; ardal oedd yn estyn o Fryste i Hwlffordd a lan i Aberystwyth.

Wrth fynd am y jobyn, dyna i gyd oedd e i fi ar y pryd – jobyn arall, a chyfle i ddianc o Asda. Ond bron i ddeunaw mlynedd yn ddiweddarach, alla i ddweud â llaw ar fy nghalon 'mod i'n *Lauder girl*, neu'n Laudette, fel ni'n cael ein galw, ac wedi mwynhau gweithio i'r cwmni'n fawr iawn dros y cyfnod. Falle fod rhai'n meddwl taw jest sefyll y tu ôl i gownter yn gwerthu colur yw'r gwaith, ond mae'n gymaint mwy na hynny.

Dechreuodd y cyfan â hyfforddiant manwl. Does dim pwrpas i chi weithio gyda chynnyrch os nad y'ch chi'n ei ddeall e, felly roedd raid dysgu am y gwahanol bethau oedd y cynhyrchion yn eu gwneud, yn ogystal â chael gwybodaeth eang am natur a chyfansoddiad y croen, a sut mae'r cynnyrch yn effeithio arno. Roedd hwn dros gyfnod dwys o wythnos ym mhencadlys y cwmni yn Grosvenor Street yn Llundain. Ar ddiwedd y cwrs, roedd raid sefyll arholiad, a'i basio cyn gallu dechrau gweithio iddyn nhw. Nid pawb oedd yn llwyddo chwaith, a gorfod i nifer o bobl fynd 'nôl sawl tro i ail-wneud yr wythnos gyfan.

O'r dechrau, roedd naws deuluol y cwmni'n amlwg. Roedden ni'n teimlo'i bod yn fraint cael gweithio i gwmni oedd yn dangos shwd ddiddordeb yn ei weithwyr, ac yn gwerthfawrogi'n cyfraniad at y busnes. Roedd Estée Lauder ei hun yn dal yn fyw bryd hynny, ac er ei bod mewn oedran mawr, roedd hi'n gwybod am bopeth oedd yn digwydd yn y busnes o hyd, ac yn cyfarfod â llawer o'r staff yn rheolaidd.

Roedd hi'n fenyw arbennig iawn. Dechreuodd hi'r busnes yn Efrog Newydd â jariau bach o eli i'w roi ar yr wyneb, ac enwau fel Six-In-One Cold Cream a Dr Schotz's Viennese Cream. Aeth hi â nhw o gwmpas y siopau mawr yn trio'u gwerthu, ac o dipyn i beth cawson nhw eu derbyn, a dechreuodd y busnes dyfu. Ryw drigain mlynedd yn ôl, doedd menywod ddim yn gwisgo persawr bob dydd, ond yn ei gadw at achlysur arbennig. Dŵr a sebon oedd yn eu cadw'n ffres, ond pan gyflwynodd Estée Lauder Youth Dew, oedd yn olew i'w roi yn y bath ac yn bersawr yr un pryd, roedd hi'n eitha siŵr bod 'da hi syniad fyddai'n llwyddo. Yn anffodus, doedd y siopau mawr yn Efrog Newydd ddim yn cytuno, felly beth wnaeth Estée wrth adael un o'r siopau oedd gollwng potel o Youth Dew wrth y drws.

Chwalodd honno'n deilchion ar y llawr marmor. Dechreuodd pawb holi beth oedd y gwynt hyfryd yma, a dyna ddechrau pethau – daeth Youth Dew yn rhyfeddol o boblogaidd, a gwerthwyd dros 50,000 o boteli yn y flwyddyn gyntaf. Dyna beth yw menyw fusnes graff. Ac mae ei meibion hi'n dal i redeg y cwmni, a nifer o aelodau eraill y teulu'n cadw cysylltiad clòs hefyd.

Yn eitha aml, byddai gofyn i fi ffonio *Head Office* yn Petersfield, ac yn ddieithriad, roedd y bobl oedd yn gweithio yno'n siarad â fi fel 'sen nhw'n fy nabod i, mewn ffordd gyfeillgar, ac yn cymryd amser i holi amdana i. Mae rhywbeth fel yna'n mynd yn bell iawn gyda gweithwyr unrhyw gwmni. Os yw'r amodau gwaith yn dda, wnaiff y bobl ar y ffas jobyn da am eu bod yn teimlo'u bod yn cael eu gwerthfawrogi.

Felly dyma fi'n dechrau cyfnod newydd yn fy mywyd unwaith eto, ac roedd y swydd yn wahanol iawn i unrhyw beth o'n i wedi'i wneud o'r blaen. Bydden i'n cael galwad ffôn yn gofyn i fi fynd i House of Fraser ym Mryste un diwrnod, a'r diwrnod nesa i siop gemist fach yn Hwlffordd. Mae gan Lauder nifer o gynrychiolwyr sy'n gweithio mewn un siop yn unig, ond ar y dechrau, wrth i fi ddod i nabod y cwmni a deall y gwaith, roedd y profiad o weithio mewn llefydd gwahanol a mathau gwahanol o siopau yn un difyr tu hwnt. Mae Lauder, fel y rhan fwyaf o gwmnïau tebyg, yn cynnal ymgyrchoedd gwerthu – *gift with purchase* maen nhw'n eu galw nhw – pan fydd y cwsmer yn cael bag bach yn llawn *samples* a gwahanol bethau i roi cynnig arnyn nhw os ydyn nhw'n prynu dau beth o'r cownter. Yn ystod y cyfnodau hyn roedd angen dwylo ychwanegol, felly gallen i fod yn rhedeg yr ymgyrch mewn un siop am hyd at bythefnos cyn symud ymlaen i'r lle nesa. Roedd yn ffordd ardderchog o gael tips gwerthu – a gweld beth oedd ddim yn gweithio hefyd.

Ydw, wy'n Laudette, o 'nghorun i'n sawdl, ac yn gweithio ar gownter Lauder yng Nghaerfyrddin ers rhai blynyddoedd erbyn hyn. Wy'n aelod o'r teulu, ond fel gyda'r rhan fwyaf o deuluoedd, er 'mod i'n perthyn yn agos, mae 'na gyfnodau pan 'wy wedi bod yn ddierth hefyd.

Ar ôl rhyw flwyddyn o weithio 'da Lauder, daeth swydd lan gyda Clinique yn siop David Morgan yng Nghaerdydd, a gofynnon nhw i fi wneud cais amdani. Wel, doedd dim byd i'w golli, felly dyna wnes i, ac er bod y gwaith ei hun yn ddigon tebyg o ran cynghori cwsmeriaid ac ymdrin â cholur a phersawr, roedd y gweithle'n gwbwl wahanol.

Roedd David Morgan yn un o siopau crandiaf Caerdydd yn nyddiau ei gogoniant – *department store* henffasiwn â thipyn o steil yn perthyn iddi. Siop deuluol oedd hi, a meibion ac wyrion y David Morgan gwreiddiol oedd yn parhau i redeg y sioe. Roedd llawer o elfennau yno'n debyg iawn i Grace Brothers yn y gomedi sefyllfa *Are You Being Served?*, ac mae meddwl am rai o arferion y cwmni yn gwneud i fi chwerthin heddiw. Yn un peth, doedden ni fel staff ddim yn cael jest cerdded i mewn i'r siop yn y bore – o na, roedd raid mynd i mewn drwy fynedfa arbennig yn Morgan Arcade, ac ar ddiwedd y dydd, gadael trwy ddrws arall, gan glocio i mewn ac allan bob dydd. Roedd rhai o aelodau'r staff wedi bod yno ers degawdau, ac yn ymfalch\u00efo yn y bathodyn bach David Morgan sgleiniog roedden nhw'n ei wisgo. Roedd y perfformans rhyfedda wrth gysoni'r tils a chyfri'r arian ar ddiwedd y dydd – 'wy dal ddim yn gwybod yn iawn sut roedd e'n digwydd, ond os oedd yn cael ei wneud yn anghywir, roedden ni'n cael clywed am y peth yn reit llym

fore trannoeth. Gyda'r holl ddatblygu fuodd yng nghanol
Caerdydd dros y blynyddoedd diwethaf, roedd yn drist gweld
David Morgan yn cau. Mae'r adeilad yn dal i fod yno, ond nifer
o fusnesau bach sydd ynddo erbyn hyn, ac er bod y *department
store* mawr arall yng Nghaerdydd, Howells, yn dal i fod yno,
dafliad carreg i ffwrdd, a John Lewis enfawr gyferbyn â'r hen
safle bellach, mae meddwl am fel oedd hi yn yr hen siop fel cofio
oes arall.

Ro'n i – ac rwy'n dal i fod – wrth fy modd yn gweithio
gyda'r cwmnïau colur. Wy'n un sy'n mwynhau siarad a sgwrsio
ag unrhyw un, ac mae 'na elfen o berfformio wrth werthu
cynnyrch hefyd. Ond celwydd fyddai dweud 'mod i'n gwbwl
fodlon yn gweithio i Clinique bryd hynny. Ro'n i wedi derbyn
nad oedd Metron am ddychwelyd i *Pobol y Cwm*, ond dyw
derbyn ddim yr un peth â bodloni, ac ro'n i'n dal i weld eisiau'r
gwaith, y gwmnïaeth a'r boddhad sydd i'w gael wrth actio.

Ond does neb yn gallu rhagweld y dyfodol, a phan ddaeth
cynhyrchydd newydd i weithio ar *Pobol y Cwm*, newidiodd y
cwbwl unwaith eto.

Pennod 17

Mae rhai pobl yn dweud na ddylech chi fynd yn ôl – unwaith i chi adael rhywle, dylech chi edrych ymlaen at y peth nesaf a pheidio ail-fyw'r gorffennol. Nonsens. Pan ges i'r alwad 'da Terry Dyddgen Jones i fynd 'nôl i Gwmderi, doedd dim angen eiliad arna i i benderfynu – fe dderbyniais y gwahoddiad yn llawen. Mae rhai'n synnu na wnes i ddigio oherwydd y ffordd ges i fy ngollwng o'r gyfres heb air o esboniad na dim, ond nagw i'n un i ddala dig – beth yw'r pwynt? Mae gyrfa actor yn ansicr yn ei hanfod, ac allwn ni ddim â fforddio teimlo'n ddig at gyflogwyr, achos wedi'r cyfan, trio gwneud eu gorau maen nhw hefyd. Felly ro'n i wrth fy modd yn cael dychwelyd i *Pobol y Cwm*, er bod cryn newid wedi bod ers y tro diwetha i fi fod ar y set.

Roedd Doreen ei hun yn wahanol, yn un peth. Erbyn hyn, roedd hi wedi claddu Stan ei gŵr, felly roedd hi'n widw gyfoethog, yn awyddus i fwynhau bywyd yn hytrach na bod yn ledi sidêt fel o'r blaen. Roedd ei pherthynas hi a Stan wedi bod yn rhan fawr o'r gwaith, ac roedd Phylip Hughes, oedd yn actio Stan, a fi wedi gwneud llawer o olygfeydd gyda'n gilydd dros y blynyddoedd. Roedd Phyl yn un oedd yn hoffi i bopeth fod yn drefnus – roedd e ychydig yn *fussy*, a dweud y gwir – ond roedd e wrth ei fodd pan oedd golygfa wrth y ford ginio. Pan fyddai Phil yn clywed bod bwyd ar y set, byddai e yna'n go glou, yn bwyta fel 'se dim fory i gael. Un tro, roedd e wedi bwyta shwd gymaint, doedd dim bwyd ar ôl erbyn i ni fynd am yr ail *take*, a bu'n rhaid anfon rhywun draw i'r cantîn ar frys i nôl rhywbeth arall. Nagw i'n meddwl bod y bwyd mor flasus â hynna, cofiwch, ond os oedd e'n cael *feed* da ar y set, fyddai dim angen iddo brynu swper wedyn, na fyddai?

Ond dyna ni, roedd yr hen Stan yn ei fedd, a Doreen gyfoethog yn ôl â fflach fach yn ei llygaid, yn rhedeg ar ôl unrhyw beth mewn trowsus, bron, a hyd yn oed cael ffling 'da Reg, oedd yn cael ei chwarae gan Huw Ceredig. Cofiwch, roedd rhyw ychydig o atyniad wedi bod rhwng Doreen a Reg ers blynyddoedd, rhyw dinc bach o rywbeth, ond penderfynwyd datblygu perthynas iawn rhyngddyn nhw. Mewn opera sebon, mae'n rhaid i'r pethau hyn dyfu'n raddol a gweithio at uchafbwynt, fel bod y gynulleidfa'n aros yn eiddgar i weld beth sy'n mynd i ddigwydd. Daeth diwrnod ffilmio'r gusan gynta rhwng y ddau. Mae hyn yn gallu bod yn beth digon lletchwith i actorion ei wneud, a phenderfynodd y cyfarwyddwr, Dave Evans, roi help llaw i ni, felly gadawodd i ni gael sieri go iawn i'w yfed i'n helpu ni i ymlacio. A do wir, aeth y ffilmio mlaen i ail a thrydydd *take* – a hynny am fwy nag un rheswm ... Oes, mae gen i atgofion melys iawn o lawer o'r gwaith ar *Pobol y Cwm*.

Pan ddes i 'nôl, er bod y rhaglen yn dal i fod ar S4C bob nos, roedd y cyfnod o bwysau mawr o ffilmio ar yr un diwrnod drosodd, ac roedden ni'n recordio ryw dair wythnos o flaen llaw. Roedd yn braf bod 'nôl. Er bod llawer o'r hen gymeriadau wedi mynd, roedd y teimlad o berthyn i griw a phawb yn edrych ar ôl ei gilydd yn dal yna, ac ro'n i'n teimlo'n lwcus iawn i gael ailafael yn y gwaith.

Newid arall ddaeth i 'mywyd i, oedd yn golygu addasu eitha sylfaenol, oedd diabetes. Mae e'n gryf yn y teulu –

Chwarae rhan Minnie Ho-ho yn *Sioe Sioni*

Y frenhines Elizabeth yn *Dafydd* gan Urien William

Gyda Iestyn Garlick yn *Ar Hyd y Nos*

Yn *Esther* gyda Hannah Roberts, Sioned Mair a Huw Dafydd

Diwrnod priodas Glyn a fi

Gwen Elis, Marged Esli a fi gyda Wyn Bowen Harris

On'd oedd hi'n fabi pert? Heledd ar ddiwrnod ei bedydd

Sefyll ar ei thraed ei hunan – Heledd a fi

Heledd yn joio gwyliau ar Ynys Creta

Shades yn y cysgod i fi

Dyddiau Doreen

(Llun Brian Tarr)

Priodas Doreen a Stan Bevan

Brian – wastad yn gwenu ac yn
mwynhau bywyd

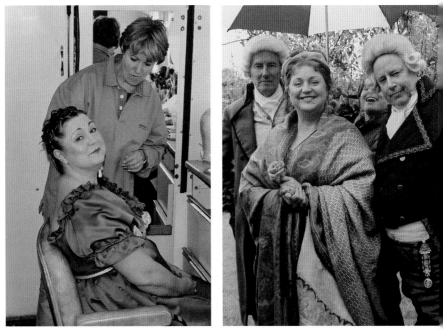

Tu ôl i'r llenni ac o flaen y camera ar *Dirgelwch yr Ogof*

Sue Roderick, fi a Gillian Elisa'n ffilmio *Pobol y Cwm* ym Mhortmeirion ar ôl i fi ddod mas o'r ysbyty

Gwen Elis, fi a Gillian Elisa

Rhai o ferched Blackpool – fi gydag Anne Stewart, Denise a Terina

Ian a fi ar ddiwrnod ein priodas

Perthynas Heledd a fi i'r d
– chwerthin a joio cwmni'
gilydd

...an, fi a Heledd

Daeth Gwynfor a Mal,
o Pobol y Cwm, i fy
hebrwng i

Tim merched hardwych Boots Caerfyrddin heddiw

(Llun © Aled Llywelyn)

Ian yn mwynhau glased bach ar ôl diwrnod o waith yn yr ardd

Agnes yn 'helpu' gyda'r gwaith

Gardd y Pant – dod yn ôl i'r dechrau

o'dd e ar Daddy a Nana, a dyna achosodd farwolaeth Wncwl
Kenneth yn ei dridegau cynnar. Ond er hynny, gymerodd hi
amser hir i fi sylweddoli ei fod arna i hefyd. Pan fydden i'n
mynd â'r ci am dro – Patch o'dd 'da ni bryd hynny – bydden i'n
prynu potel o bop wrth ddechrau ar y wâc, ac yn cael un arall
ar y ffordd 'nôl. Ar y pryd, o'n i'n mynd i Slimming World yn
rheolaidd, ac felly do'n i ddim wedi gwneud y cysylltiad rhwng
colli pwysau a diabetes. Ond fydden i'n yfed llawer iawn o ddŵr
yn y stiwdio hefyd – o'n i wastad yn sychedig, ac o'n i'n teimlo'n
flinedig drwy'r amser. Wrth lwc, ges i gyfnod bach yn rhydd o
ffilmio, ac o'n i'n disgwyl y bydden i'n dod yn ôl ataf fy hunan o
gael gorffwys yn iawn.

Un noson, aeth Heledd a fi am bryd o fwyd *Chinese* yn
Abertawe, ac ar ôl dod adre o'n i'n dost ofnadwy – y *prawn
toasts* gafodd y bai – ac o'n i'n disgwyl y bydden i'n gwella ar ôl
diwrnod neu ddau. Ond doedd dim golwg fod y peth yn clirio
o gwbwl, felly aeth Brian â fi at y doctor rhag ofn bod rhywbeth
mwy difrifol yn bod. Roedd hwnnw hefyd yn reit siŵr taw
gwenwyn bwyd oedd ar fai, a rhoddodd e ryw dabledi i fi i'w
glirio. Weithiodd rheiny ddim – o'n i'n dal i fod yn sâl ac yn
colli lot o bwysau. Erbyn hyn o'n i'n cysgu mwy a mwy, ac yn
ffaelu bwyta dim – 'na gyd o'n i ishe oedd tipyn bach o hufen iâ
a diod o Lucozade, ond nag o'n i'n gallu cadw hyd yn oed hynna
i lawr. Gyda'r holl gysgu, beth oedd yn digwydd oedd 'mod i'n
dechrau slipo i mewn i goma, a 'nghorff yn cau i lawr. Erbyn
y diwedd o'n i mas ohoni'n gyfan gwbwl, bron. Sylweddolodd
Bri fod rhywbeth mawr yn bod, ac aeth e â fi lawr i ysbyty'r
Heath. Dim ond un olwg oedd ei hangen ar y doctor – roedd e'n
gwybod ar unwaith beth oedd yn bod, felly ges i *drip* inswlin yn
syth bin. Tasen i 'di bod ychydig oriau'n hwyrach yn cyrraedd

yr ysbyty, fyddai hi 'di bod yn rhy hwyr – dyna mor agos oedd pethau.

Y peth cynta wy'n ei gofio pan ddihunes i oedd teimlad o ryddhad, achos do'n i ddim yn teimlo'n sychedig dim mwy. Roedd y syched wedi bod yn rhan anferth o 'mywyd bob dydd, ond nag o'n i – na neb arall – wedi meddwl falle taw diabetes oedd yn ei achosi. Ta beth, bues i yn yr ysbyty am dridiau, ond unwaith i fi gael yr inswlin, fe fownses i 'nôl yn syth. Fuodd Gillian Elisa'n garedig iawn yn dod â sgriptiau newydd *Pobol y Cwm* draw i ymarfer gyda fi, ac o fewn diwrnod neu ddau o'n i'n ffilmio ar leoliad ym Mhortmeirion.

Ers hynny, 'wy wedi bod yn chwistrellu inswlin bedair gwaith y dydd ac yn checio lefel siwgr y gwaed yn rheolaidd hefyd, ac erbyn hyn wy'n nabod yr arwyddion. Os ydw i'n fyr fy amynedd, mae hwnna'n gallu bod yn arwydd fod lefel yr inswlin yn rhy isel, felly wy'n gallu ei reoli e. Mae'n rhaid i fi fod yn eitha gofalus 'da bwyd hefyd, ond wy'n ca'l pwle pan fydda i'n bwyta unrhyw beth 'wy moyn – a joio! Mae'n rhaid i fi weithio ar gadw'r pwysau lawr, ac i un sy'n mwynhau ambell i deisen neu damed o joclet, heb sôn am *gin* bach, dyw hynny ddim yn hawdd. Ond o wybod mor bwysig yw e i'n iechyd i, mae'n rhywbeth mae'n rhaid i fi ei wneud.

Yng Nghaerdydd o'n i'n byw pan ges i'r diagnosis, ond ers i fi symud 'nôl i Gwmllynfell, y tîm yn ysbyty Treforys sy'n gofalu amdana i ac yn cadw golwg ar bethau, ac mae'r gofal wy'n ei gael 'da nhw yn wych. Oherwydd 'mod i'n gorfod cael fy ngweld bob chwe mis, maen nhw'n fy nabod i'n dda erbyn hyn, a nagw i'n credu ei fod yn ormod dweud 'mod i wedi dod i deimlo fel un o'r teulu yna. Denise sy'n gofalu am fy nhraed, sy'n elfen bwysig iawn o ofal diabetes, ac mae hi bob amser yn cofio fy hanes o un ymweliad i'r nesa, ac yn mwynhau cael sgwrs lawn cymaint â fi. Dr Price yw'r un sy'n gyfrifol am yr uned, ac ar y cyfarfyddiad cynta, mae e'n gallu ymddangos yn eitha brawychus – dyw e byth yn dangos dim emosiwn ar ei wyneb – ond o ddod i'w nabod e, mae'n un hwyliog iawn ac yn mwynhau rhannu jôc a chael sgwrs ysgafn. Wy'n lwcus iawn o'u gofal a'u proffesiynoldeb ac yn teimlo'n gwbwl ddiogel yn eu dwylo nhw.

Pennod 18

Drwy gydol fy mywyd i, roedd Mam wedi bod yn graig ac yn ffrind ardderchog, a phob amser yn gefnogol i fi, hyd yn oed pan nad oedd hi'n gwbwl hapus â'r cyfeiriad ro'n i'n dymuno mynd iddo. Doedd hi na Daddy'n rhy hapus am fy uchelgais i fod yn actores, ond unwaith i fi wneud y penderfyniad, doedd neb fwy o 'mhlaid i na Mam. Wy'n siŵr ei bod hi bron â thorri ei chalon pan fynnais i briodi Kevin a finnau prin yn fy ugeiniau, ond rhoddodd ei theimladau i'r naill ochr a dod gyda fi i'r briodas – gwneud y gorau o'r sefyllfa. Pan chwalodd fy mhriodas i a Glyn, Mam oedd yna i 'nghysuro i. Roedd hi a Glyn yn eitha ffrindiau – daeth gyda ni i Ynys Creta ar wyliau un flwyddyn – ond roedd Mam yn berson hawddgar oedd yn dod mlaen 'da phawb.

Roedd colli Daddy mor ifanc yn ergyd ofnadwy iddi, ond wy'n credu ei fod yn dangos natur pentre Cwmllynfell ar y pryd ei bod wedi gallu ailafael yn ei bywyd, a chael blas ar fyw hefyd. Roedd pethau'n dechrau newid, serch hynny – mwy o ddieithriaid yn symud i'r pentre, a'r siopau'n dechrau cau fesul un. Wrth iddi heneiddio ac arafu, byddai Mam yn dod i aros gyda ni yng Nghaerdydd yn amlach, ac roedd hyn yn rhoi cyfle iddi wneud pethau nad oedd mor hawdd gartre. Doedd dim byd yn ei phlesio hi'n fwy na mynd mas am bryd o fwyd, a byddai'n treulio amser yn cynllunio beth i'w wisgo, cael gwneud ei gwallt a thaclu lan – ac ie, dyna o ble 'wy wedi etifeddu'r

nodwedd yna – roedd Mam wrth ei bodd â thipyn bach o steil.
Bwyty bach Eidalaidd yn agos i'n tŷ ni ym Mharc Victoria
oedd ei ffefryn, ac o fewn ychydig iawn, roedd yn cael croeso
tywysogaidd gan y perchennog.

Ar fore braf, os byddai Mam gyda ni, a finnau ddim yn
gweithio, doedd ond angen hanner holi 'Ti'n ffansïo sbin bach
heddi 'te?' a byddai'n mynd lan i'w hystafell yn syth i wisgo
ffrog neu sgert arbennig. Off â ni wedyn am ddreif man hyn a
man 'co, jest pwyntio'r car a mynd, heb ots ymhle roedden ni'n
cwpla'r daith. Mwynhau'r diwrnod a chwmni'n gilydd oedd y
peth mawr.

O bryd i'w gilydd, ro'n i'n cael cyfle i fynd lan i Lundain i
weld ambell sioe, a byddai Mam bob amser yn hapus i ddod
gyda fi – doedd dim ots beth roedden ni'n ei weld, y trip oedd
yn bwysig. Un tro, roedd y tair ohonon ni – Mam, Heledd a fi
– wedi mynd i'r Palladium i weld y sioe gerdd Oliver!, ac wrth i
ni adael y theatr a cherdded i lawr y grisiau, yn sydyn, heidiodd
criw o fenywod o 'nghwmpas i'n gofyn i fi lofnodi eu rhaglenni
– llond bws o bobl o Glydach wedi digwydd dod lan ac wedi
fy nabod i o Pobol y Cwm. Roedd hyn yn rhywbeth oedd yn
digwydd yn gymharol aml, ond roedd rhyw bleser arbennig o
gael y fath sylw yng nghanol y West End, a phobl eraill yn dod i
edrych a holi ei gilydd pwy oedd y fenyw anghyfarwydd yma –
bron nag o'n i'n eu clywed nhw'n dweud: 'I don't know who she
is, but perhaps I should ask for her autograph.'

Peth rhyfedd yw enwogrwydd a chael eich adnabod. Gallen
ni ddadlau bod pawb yn nabod pawb yng Nghymru – neu o
leiaf pan y'n ni'n cwrdd â rhywun sy'n dod o Gymru, dyw hi
ddim yn cymryd yn hir cyn i chi ddod o hyd i rywun mae'r
ddau ohonoch chi'n ei nabod. Pan oedd Doreen ar fin priodi

Stan, gwelodd menyw o'r enw Mrs Davies-Goronwy Mam
yn cerdded ar hyd y ffordd yng Nghwmllynfell, a brysio ati ar
unwaith i holi oedd hi wedi prynu siwt newydd. Pan welodd
hi'r dryswch ar wyneb Mam, meddai hi: 'Bessie fach, y briodas!
Odych chi wedi meddwl beth chi'n mynd i wisgo?'

Pan ddechreuais i weithio yn Boots yng Nghaerfyrddin,
wrth gwrs roedd pobl yr ardal yn gyfarwydd iawn â *Pobol y
Cwm*. Un tro, ro'n i wedi mynd i'r cefn i nôl rhywbeth i gwsmer,
a thra bo hi'n aros i fi ddod 'nôl, gwelodd Ainsley o'r cownter
Clinique hi'n aros, a holi oedd angen unrhyw help arni. 'Na,
popeth yn iawn,' meddai hi, 'mae Doreen newydd bopo drwodd
i'r cefn i hôl rhywbeth i fi – fydd hi'n ôl nawr.' Edrychodd
Ainsley arni'n hurt – pwy oedd Doreen? A hyd heddiw
mae pobl yn gwneud *double-take* pan welan nhw fi'n trafod
foundation neu bersawr 'da'r cwsmeriaid, a phrin fod wythnos
yn mynd heibio heb fod rhywun yn holi, 'Pryd chi'n mynd 'nôl,
'te?'

Ond daeth Doreen yn adnabyddus i bobl y tu hwnt i Boots
Caerfyrddin. Un noson, o'n i yng ngwesty'r Copthorne yng
Nghaerdydd, a phwy oedd yn aros yno ar ôl bod yn perfformio
yn y CIA ond y grŵp Boyzone. Roedd y lle'n llawn pobl, efallai
am eu bod nhw'n gwybod bod y grŵp yno, ond ta beth, yn y
bar o'n i gyda chriw o ffrindiau. Ymhen ychydig, pwy ddaeth
draw ac eistedd ar fraich fy nghadair i ond Ronan Keating ei
hun, a dechrau sgwrs fach 'da ni. Yn sydyn, dyma ni'n clywed
llais yn dweud 'Oooooh!', ac edrychon ni lan a gweld menyw
yn cerdded yn bwrpasol ar draws yr ystafell tuag aton ni. 'Helo,'
meddai, gan anwybyddu'r seren bop ryngwladol, a gofyn i fi am
fy llofnod. Iddi hi, roedd Doreen dipyn pwysicach na Ronan
Keating, druan.

Ac nid dyna'r unig dro i fi gael sylw gan seren bop yn y Copthorne chwaith. Ar fy mhen-blwydd yn ddeugain oed, roedd Mam a Heledd a fi wedi mynd yno am bryd o fwyd, a'r tro hwn, y grŵp Wet Wet Wet welson ni. Roedd Mam wedi trefnu bod teisen ben-blwydd yn cael ei chyflwyno i fi wrth y bwrdd, a phan welodd y grŵp y *waiter* yn dod â hi, dyma'r canwr Marti Pellow yn dod draw gydag e i ganu pen-blwydd hapus i fi. Nagw i'n credu ei fod e'n gwybod ei fod yn canu i fetron Brynawelon, cofiwch.

Roedd Mam wrth ei bodd â'r hwyl roedden ni'n ei gael, ac wrth i fi fynd yn hŷn, roedd bwlch y blynyddoedd rhyngon ni'n mynd yn llai, a'r ddwy ohonon ni'n cael boddhad o fod yng nghwmni'n gilydd. Roedd yn bryder mawr, felly, pan gwympodd hi yn y tŷ yng Nghwmllynfell a thorri ei chlun. Aethpwyd â hi i'r ysbyty ar unwaith, a chafodd lawdriniaeth. Roedd hi i weld yn dod ati ei hun yn eitha da, chwara teg, a chafodd ei symud i ysbyty bach yn Ystradgynlais, rhyw fath o hanner ffordd cyn mynd yn ôl adre i'r Pant. Roedd Brian a fi'n mynd draw yno o Gaerdydd bob yn ail noson i'w gweld hi, ac yn sôn y byddai hi'n gallu dod i aros aton ni am gyfnod wrth iddi wella. Ond un noson, cafodd glot ar yr ymennydd, a daeth galwad ffôn yn oriau mân y bore i ddweud wrtha i ei bod hi wedi mynd. Do'n i ddim yn gallu credu'r peth. Ro'n i'n meddwl y byddai gyda ni fwy o amser 'da'n gilydd, ond nid felly fuodd hi. Bu farw'n 74 oed, ac er 'mod i eisoes wedi colli un rhiant yn ddychrynllyd o sydyn, doedd dim byd wedi fy mharatoi i ar gyfer y boen o golli Mam.

Gyda'r galar, daeth tynfa fawr 'nôl at fy nghartref, ac at fy ngwreiddiau yng Nghwmllynfell. Roedd cartre'r teulu – fy nghartre i – yn sefyll yn wag, ac o'n i'n gwybod taw dyna oedd

fy lle i. Nag o'n i'n siŵr shwd byddai Bri yn ymateb wedi'r
cyfan, Sais o Birmingham oedd e, a shwd ar y ddaear byddai
rhywun fel 'na'n gallu teimlo'n gartrefol mewn lle mor Gymreig
a chymdogol â'r Cwm? Ddylen i fod wedi gwybod y byddai Bri
yn gyfforddus ble bynnag roedd e, ac roedd e wrth ei fodd â'r
syniad. Roedd e wedi'i wneud yn *redundant* o'i waith, fel oedd
yn digwydd i lot o bobl yn ei faes, felly doedd ganddo ddim i'w
golli. O fewn tua blwyddyn i gladdu Mam, felly, ro'n i'n byw 'nôl
ym mhentre fy mebyd. Dyn dŵad neu beidio, fe setlodd Brian
yn glou iawn, ac ymhen ychydig, cafodd ei benodi i swydd
gofalwr ysgol Cwmllynfell, oedd yn ei siwtio i'r dim. Roedd yn
treulio amser 'da'r plant a'r athrawon, ac yn paentio a thrwsio'r
adeiladau yn ogystal ag agor a chloi bob dydd. Chymerodd hi
ddim yn hir iddo ddod yn gymeriad cyfarwydd yn y pentre, yn
mynd â Patch y ci am dro ac yn lapan 'da hwn a'r llall. Roedd yn
ddyn mor hawddgar, roedd pawb yn dwlu arno o fewn ychydig
iawn o amser.

Bron i bymtheng mlynedd yn ddiweddarach, nagw i'n difaru
symud 'nôl. Ydi, mae'r pentre wedi newid yn llwyr ers pan ges
i'n magu 'ma, ond mae'n lle hyfryd i fyw. Rwy'n gweld eisiau
ambell i beth, wrth gwrs – fy ffrindiau yn bennaf – ac mae byw
mewn pentre eitha gwledig yn eich atgoffa pa mor hawdd yw
byw yng Nghaerdydd. Does dim bysiau na threnau ym mhen
ucha Cwm Tawe, felly mae'n rhaid cael car ar gyfer popeth, o
siopa i adloniant a gwaith. Ond doedd dim amheuaeth gen i ein
bod wedi gwneud y peth iawn yn symud, ac roedd yn hyfryd
cael bod 'nôl yn y Pant. Mae cymaint o atgofion yn y waliau, ac
mae'r holl bobl fu'n byw yma – fy nheulu i – yn dal yma rywsut,
yn cadw cwmni i fi. Mae cartre yn fwy na thŷ; mae'n llawn
o'r bobl fu'n rhan ohono, ac er nad oedd e wedi nabod llawer

ohonyn nhw, roedd Brian yn cymryd ei le yn gwbl naturiol yn eu plith. Roedd e'n un oedd yn mwynhau edrych o gwmpas y lle a mynd ati i wneud hyn a'r llall. Un noson, a hithe'n agosáu at y Nadolig, doedd dim golwg ohono fe yn unman. Roedd hi'n dywydd mawr. Roedd hi wedi bod yn bwrw eira ac roedd naws yr Ŵyl yn dechrau treiddio drwy'r tŷ, a Heledd a fi'n ffaelu deall ble oedd e. Ta beth, ymhen hir a hwyr dyma fe'n ymddangos yn y drws cefn, a gwên fodlon ar ei wyneb. Arllwysodd e sieri bach yr un i ni, a galw ar y ddwy ohonon ni i fynd mas 'dag e i'r ardd – roedd e wedi dod o hyd i ryw hen farbeciw yn rhywle, ei osod e yng nghanol yr eira, a dyna lle roedd e'n rhostio cnau. Roedd gwynt y tân, oerfel yr eira a chynhesrwydd y sieri'n gyfuniad hyfryd; nag wy'n credu i mi deimlo mor Nadoligaidd erioed.

Pan adawes i *Pobol y Cwm* am yr ail dro, ro'n i'n gwybod y tro hwn 'mod i'n gadael go iawn. Roedd Doreen yn byw yn y Plas, ac roedd trafferthion yn codi wrth ffilmio yno'n aml, ac erbyn y diwedd, nag wy'n credu bod llawer o gyfeiriad i'r cymeriad – roedd hi wedi gwneud popeth a doedd unman ar ôl iddi fynd. Doedd hi ddim yn syndod i fi glywed ei bod wedi penderfynu symud i Landudno i agor cartre hen bobl. Pwy a ŵyr, falle ei bod hi'n dal yno, yn gwneud paneidiau o de i'r preswylwyr fel roedd hi'n ei wneud ddegawdau'n ôl yn yr hen Frynawelon. Cofiwch, ddwlen i pe bai hi'n dod 'nôl i Gwmderi. Wy'n reit siŵr gele hi dipyn o sioc tase hi'n gweld y pentre nawr, ond fyddai hi ddim yn hir yn eu dodi nhw yn eu lle a'u sorto nhw mas. Dyna beth fyddai hwyl.

Does dim amheuaeth taw *Pobol y Cwm* oedd asgwrn cefn fy ngyrfa actio i, yn llinyn aur drwy 'mywyd, a roddodd gynhaliaeth a phleser i mi dros y degawdau. Ond ro'n i'n cael fy nghadw'n eitha prysur gyda gwaith arall yn ystod y cyfnod hefyd. Oherwydd natur gwaith *Pobol y Cwm*, byddai wedi bod yn anodd ymrwymo i weithio ar unrhyw beth dros dymor hir, a thra oedd Heledd yn fach, sicrhau cartre sefydlog iddi hi oedd y flaenoriaeth, felly doedd cyfle i deithio gyda gwaith ddim yn apelio. Ond ro'n i'n hapus iawn i wneud gwaith teledu yn enwedig, ac er mai fel Doreen mae pobl yn tueddu i 'nghofio i, ro'n i'n un o'r actorion yma sy'n popo lan fan hyn a fan draw. Tua dechrau cyfnod *Pobol y Cwm*, fe ges i ran mewn cyfres gomedi o'r enw *Sydney*. Nagw i'n credu bod fawr neb yn cofio'r rhaglen erbyn hyn, ond ces i'r hwyl ryfedda yn gweithio arni – roedd Ernest Evans, oedd yn chwarae rhan Tal Jenkins ar *Pobol y Cwm*, ynddi hefyd – ac roedd hi'n eitha poblogaidd ar y pryd.

Un o'r pethau o'n i'n ei fwynhau oedd yr amrywiaeth o rannau o'n i'n cael eu cynnig. Un gyfres boblogaidd iawn oedd *Dihirod Dyfed*. Y cyfarwyddwr Paul Turner oedd yn gyfrifol am y gyfres, a ysgrifennwyd gan Bethan Phillips. Cyfres o straeon unigol oedden nhw, yn seiliedig ar chwe llofruddiaeth erchyll a ddigwyddodd rhwng 1850 ac 1916 yn Nyfed. Ro'n i'n actio chwaer Dafydd Hywel, ac wy'n credu bod Hywel Emrys yn yr un bennod hefyd – un o'i rannau cynta fe. Y peth sy'n aros yn y cof am ffilmio'r gyfres yw pa mor dwym oedd hi. Roedden ni mewn gwisg gyfnod, sef gwlanen draddodiadol, ac roedd raid i ni gael cadachau oer, gwlyb lawr blaen ein dillad i'n hatal rhag gorboethi. Roedd llawer o olygfeydd gwledig ac amrwd yn y gyfres hon, ac roedd digon o chwerthin wrth ffilmio golygfa lle roedd Hywel Emrys a Dafydd Hywel yn ymladd, a finne'n gorfod rhedeg drwy'r mwd i mewn i dwlc mochyn, a'r moch bach yn rhedeg fel pethau gwyllt o gwmpas y lle.

Un peth wy'n sylwi arno wrth edrych yn ôl oedd 'mod i'n

amlach na pheidio yn cael fy nghastio mewn rhan lle roedd angen i fi lefen. Doedd hynny ddim yn broblem – roedd hi'n ddigon hawdd troi'r taps ymlaen – ond roedd yn digwydd yn gyson. Hefyd, yn aml iawn, ro'n i'n fy nghael fy hun yn gweithio gyda Phylip Hughes, a ddaeth yn ddiweddarach yn ŵr i Doreen ar *Pobol y Cwm*. Roedd e'n ŵr i fi yn y ffilm *Wil Six*, ac wedyn yn y gyfres Ffrengig gafodd ei dybio i'r Gymraeg, *Châteauvallon*. Ar un adeg yn yr wythdegau, roedd llawer iawn o waith dybio ar gael, yn enwedig lleisio cartŵns, ac roedden ni fel actorion yn dwlu gwneud hyn. Un o'r cyfresi poblogaidd oedd y creaduriaid bach glas, y *Smyrffs*, ac roedd Heledd wrth ei bodd yn ymffrostio taw ei mam hi oedd llais mam Cracahyll, yn ogystal â nifer o wrachod eraill.

Er 'mod i'n un sy'n mwynhau bod gartre, a bod cysuron fy nghartref fy hun yn bwysig i mi, yn amlwg byddai'n rhaid teithio weithiau ac aros i ffwrdd wrth ffilmio. Ces i ran go fawr yn y gyfres *Cerddwn Ymlaen* gyda Ffilmiau Eryri, oedd yn golygu bod rhaid i fi ffilmio yn y gogledd am gyfnod go hir. Mewn B&B yng Nghaernarfon o'n i'n aros fynychaf, Bryn y Môr, ac ar ôl ychydig, dechreuodd Brian ddod lan 'da fi i fwynhau'r golygfeydd bendigedig o'r Fenai ac Eryri, a dod i nabod ardal o Gymru oedd yn ddieithr iawn iddo cyn hyn. Ac yntau'n un mor gymdeithasol a hoffus, buan iawn daeth Brian yn gyfeillion mawr 'da perchennog y B&B, Doug, ac erbyn diwedd, nag wy'n siŵr beth oedd y prif reswm am fynd i'r gogledd – i fi gael gweithio ynte i Bri a Doug gael sbort. Ar ôl i'r cyfnod ffilmio ddod i ben, bob hyn a hyn bydde Brian yn dweud, 'Oh, I do fancy one of Doug's breakfasts', a bydde'n rhaid trefnu trip lan i gwrdd â'i hen fêt. Na, doedd y brecwast ei hun ddim yn *cordon bleu*, ond roedd y gwmnïaeth a'r cyfeillgarwch yn werth y trip.

Pennod 19

Ar ôl gadael *Pobol y Cwm*, yn ôl â fi at Estée Lauder, ac roedd yn braf gallu ffito mewn yn syth i'r gwaith cyfarwydd, ac ym maes colur a gofal y croen rydw i wedi gweithio'n bennaf ers hynny. Yn ogystal â bod gydag Estée Lauder, fues i hefyd yn gweithio i Boots yn Abertawe fel ymgynghorydd gofal y croen. Ro'n i yno i drafod problemau'r cwsmeriaid, a chynnig *regime* iddyn nhw ofalu am eu croen. Roedd raid cael gwybodaeth eang i wneud y swydd hon, nid yn unig am y cynhyrchion a'r *brands* gwahanol i gyd, o'r Nivea sylfaenol i enwau drudfawr fel Crème de la Mer, ond roedd yn hanfodol fod 'da fi ddealltwriaeth dda o natur y croen hefyd – fyddai neb wedi diolch i fi am gynnig cynnyrch anaddas iddyn nhw. Ddysges i lawer iawn yn y cyfnod hwn, ar gyrsiau hyfforddi a chan gydweithwyr oedd yn deall y gwaith. Ond dim ots faint ydych chi'n ei wybod, ambell waith mae cwsmeriaid yn gallu'ch drysu'n llwyr. Un diwrnod, daeth menyw at y cownter a fy holi i a Hilary, oedd yn gweithio gyda fi, am gynnyrch 'Bionics'. Edrychodd y ddwy ohonon ni ar ein gilydd yn ddwl braidd, a chwilio drwy'r catalogau i weld beth oedd y cwsmer am ei gael – roedd hi'n daer taw hwn oedd ei angen arni. 'Botanics' roedd hi'n chwilio amdano – sef *range* o gynnyrch gan Boots ei hun – ond gymerodd hi sbel i ni sylweddoli hynny.

Yn sgil fy ngwaith gyda'r cwmnïau colur, 'wy wedi bod yn gwneud eitemau teledu i gwmni teledu Tinopolis yn Llanelli ers rhyw bymtheng mlynedd, yn cynnig cyngor ar y croen a cholur ar y rhaglen *Prynhawn Da* ar S4C. Dechreuodd hyn pan o'n i'n gweithio yn David Morgan yng Nghaerdydd. Merch arall yn y siop, Anwen, oedd gyda Dior, ofynnodd i fi fynd i'w wneud yn ei lle hi, ac 'wy wedi bod yn cyflwyno'r slot yn rheolaidd byth ers 'ny. 'Wy wrth fy modd – wy'n cael siarad am y colur ac mae elfen o berfformio ynddo hefyd. Does dim teimlad tebyg i wneud perfformiad byw, hyd yn oed os taw ond sgwrsio ar soffa ganol y prynhawn yw e. Mae ias fach yn mynd drwy'r corff bob tro mae'r camerâu'n dechrau troi, a chi'n teimlo'n fyw drwyddoch. Y briff yw 'mod i'n dod i mewn i'r stiwdio bob nawr ac yn y man – ryw unwaith neu ddwy y mis – i roi tips ar golur neu ofal croen, dangos y cynhyrchion diweddaraf neu gynnig cyngor am broblem fel croen sych ac ati. Er ei fod i'w weld yn hamddenol ac yn ddiffwdan, mae dipyn o waith paratoi yn mynd i'r slot, fel penderfynu ar bwnc, ymchwilio iddo ac wedyn trefnu cael benthyg y nwyddau o Boots neu Debenhams.

Roedd gweithio yn Boots yn Abertawe'n handi iawn at y gwaith hwn, oherwydd roedd yn ddigon hawdd cael y cynnyrch i gyd o'r siop. Un diwrnod, a finnau wedi trefnu gwneud eitem ar *Prynhawn Da* drannoeth, es i ati i drefnu'r nwyddau i gyd a'u paratoi ar gyfer y bore. Ro'n i wedi bod ar ychydig o frys, achos roedd Brian a fi newydd ddod 'nôl o un o'n tripiau 'Doug's breakfasts' i'r gogledd, i ddathlu ei ben-blwydd.

Roedd Bri wedi rhoi lifft i'r gwaith i fi'r bore hwnnw, ac ro'n i'n disgwyl iddo ddod 'nôl i 'nghasglu i am hanner awr wedi pump. Doedd e ddim yn brydlon bob tro, felly do'n i ddim yn becso'n ormodol pan nad oedd golwg ohono wrth i fi adael y gwaith, ond aeth amser yn ei flaen a doedd e'n dal ddim wedi cyrraedd, felly dyma fi'n slipo 'nôl mewn i Boots rhag ofn ei fod

wedi galw mewn i chwilio amdana i. Ond na, doedd e ddim
wedi bod yno, nac i Debenhams chwaith, felly ffoniais i'r tŷ.
Dim ateb. A dim ateb ar y *mobile* chwaith. Erbyn hyn, roedd
raid i fi feddwl mynd, achos roedd y bws ola i Gwmllynfell ar fin
gadael, a doedd dim ffordd arall gen i o gyrraedd adre.

Ar y daith, ddechreues i fecso go iawn, ac o'n i'n trio ffonio
Bri yr holl ffordd, ond ches i ddim ateb. Pan gyrhaeddais i 'nôl
i'r tŷ a gweld bod y car tu fas, o'n i'n gwybod ar unwaith bod
rhywbeth yn bod. Mewn â fi, a galw ei enw, ond doedd dim ateb
wrtho fe na Patch. Es i lan llofft, a dyna lle roedd e yn yr ystafell
wely fach, wedi cwmpo'n swp ar y gwely, a'r hen gi wrth ei ochr.
Es i ato'n syth a thrio'i ddihuno – yn gwrthod credu beth o'n i'n
ei weld â'n llygaid fy hun. Es i 'nôl lawr stâr a ffonio Heledd, a
dweud wrthi fod rhywbeth yn bod, 'mod i'n ffaelu dihuno Bri.

Mewn sefyllfa fel hon, sai'n gwybod beth sy'n digwydd i'r
ymennydd – does dim synnwyr na rheswm. Es i 'nôl lan at Bri
a thrio'i ddihuno dro ar ôl tro, ond doedd dim byd yn gweithio.
Roedd e fel petawn i'n gwrthod derbyn beth o'n i'n ei weld yn y
llofft, a tasen i'n ymddwyn yn normal, byddai Bri yn dihuno ac
yn dod lawr y grisiau fel 'se dim byd yn bod. Ond ddigwyddodd
hynny ddim, ac ymhen ychydig, ffoniais am ambiwlans. Erbyn
i hwnnw ddod, a mynd â Bri i Dreforys, roedd yn amlwg ei fod
wedi cael gwaedlif enfawr ar yr ymennydd. A chadarnhawyd yr
hyn o'n i'n ei wybod yn reddfol, nad oedd unrhyw obaith iddo.

Rhoddon nhw Bri ar beiriant cynnal bywyd. Er 'mod i'n
deall beth oedd yn digwydd, ar lefel arall, ro'n i'n ei wrthod
e – 'nes i hyd yn oed ffonio Estée Lauder a *Prynhawn Da*
i gadarnhau trefniadau gwaith y diwrnod wedyn. Roedd
rhywbeth y tu mewn i fi'n mynnu dweud, tasen i'n cario
mlaen, y byddai popeth yn iawn, ac y byddai Bri yn dihuno.

Ond drannoeth, roedd yn amlwg nad oedd pethau'n mynd ein ffordd ni, a ffoniodd y Sister Estée Lauder a *Prynhawn Da* ar fy rhan i esbonio na fyddai modd i mi ddod i'r gwaith wedi'r cyfan. Do, bu'n rhaid i ni ddiffodd y peiriant cynnal bywyd. Do'n i ddim yn gallu bod yn yr ystafell – o'n i'n methu ymdopi o gwbwl â'r hyn oedd yn digwydd. Ac yntau ond yn 54 oed, roedd Bri wedi 'ngadel i, a do'n i ddim yn gallu wynebu bywyd hebddo. Daeth Dianne, fy hen ffrind coleg, lawr i gadw cwmni i fi, ac oni bai amdani hi a Heledd, a Moira, fy ffrind o ddyddiau 'mhlentyndod, wn i ddim shwd bydden i wedi dod drwy'r profiad. Roedd y tair yn gefn anferth i fi, yn gwneud y trefniadau ac yn cadw pethau i fynd. Roedd Moira wedi claddu ei gŵr hithau, Oswald, gwpwl o flynyddoedd ynghynt, ac wrth i fi fynd drwy'r broses ofnadwy o golli Brian, Moira oedd yn deall y boen orau. Roedd hi'n gwybod beth o'n i'n mynd drwyddo heb i fi orfod dweud wrthi, ac roedd ganddi glust barod i wrando bob amser dros y misoedd, os nad y blynyddoedd, nesa. Roedd gallu rhannu fy nheimladau â hi, a beichio llefen yn ei chwmni os oedd angen, yn werthfawr tu hwnt, a bydda i'n ddiolchgar iddi dros byth.

Roedd yr angladd yn enfawr, a'r gwasanaeth hanner yn Gymraeg a hanner yn Saesneg, er mwyn i frawd Bri a'i gyn-wraig a'i theulu allu deall rhywfaint arno. Nag wy'n meddwl bod rhai o aelodau teulu Bri yn rhy hapus am hynna – roedden nhw'n reit anfodlon fod Cymraeg yn rhan o'r diwrnod o gwbwl, a dweud y gwir. Doedden nhw ddim yn deall chwaith pam taw yng Nghwmllynfell ac nid yn Birmingham roedd yr angladd yn cael ei chynnal. Ond doedd dim amheuaeth gen i. Cwmllynfell oedd ei gartre fe, dyna lle roedd Bri yn hapus, ac yma roedd yr angladd yn mynd i fod. Roedd ei ferched a'i gyn-wraig wedi mynd yn ddierth iddo, a fuodd fawr ddim cyswllt rhyngddyn nhw ers tro. Roedd yr holl gyfeillion roedd Brian wedi cwrdd â nhw ers symud i Gymru fel teulu iddo, a daeth nifer fawr yn eu sioc i dalu'r deyrnged olaf iddo – gan gynnwys Doug o Gaernarfon, oedd wedi coginio'i frecwast olaf iddo fe ond wythnos ynghynt, ac a gytunodd i fod yn un o hebryngwyr yr arch.

Roedd raid i fywyd fynd yn ei flaen, ond roedd gwacter ofnadwy y tu mewn i fi. Ar un adeg, y cyfan o'n i am ei wneud oedd mynd yn ôl i'r llefydd fuon ni'n ymweld â nhw 'da'n gilydd, a gweld y pethau oedd yn bwysig i ni. Fues i yn Sir Benfro, Birmingham, tafarn yr Halfway – pob math o lefydd, yn ail-fyw ein cyfnod 'da'n gilydd, ac yn parhau i deimlo'i bresenoldeb. Erbyn hyn, mae dros ddeuddeng mlynedd wedi mynd heibio, ac er bod bywyd wedi bod yn dda i fi mewn sawl ffordd, rwy'n dal i deimlo'r boen o golli Bri. Mae ambell i beth bach 'da fi ar ei ôl e o hyd, ac mae gan Heledd lun ohono mewn fframyn hefyd. A dweud y gwir, wy'n dal i wisgo'i hoff bersawr e bob nawr ac yn y man.

Pennod 20

Pan fydd rhywun sy'n agos atoch chi'n marw'n sydyn, yn ogystal â theimlo colled ofnadwy a galar torcalonnus, ry'ch chi'n dechrau meddwl am eich bywyd, a gwerthfawrogi'ch iechyd, eich teulu a'ch ffrindiau. Gyda cholli Brian, fe ddes i wybod bod gen i lawer o ffrindiau da iawn, fuodd yn gefn rhyfeddol i fi, a bod llawer o'r gwahaniaethau neu gwympo mas oedd wedi bod yn fy mhoeni yn colli eu hergyd ac yn pylu. Un o'r rhai fu'n fwyaf caredig oedd Glyn – y dyn oedd wedi 'mrifo i gymaint flynyddoedd ynghynt. Roedd ei gefnogaeth yn golygu lot i fi, ac yn help mawr. Ac er ei bod hi'n ifanc iawn o hyd, roedd Heledd yn wych, a bydda i wastad yn ddiolchgar iddi am ei chefnogaeth, a hithau wedi cael cyfnod mor anodd yn ei harddegau.

'Wy wastad wedi bod yn un sy'n mwynhau cwmni, a dyw cwmni ddim erioed wedi bod yn brin. O ddyddiau plentyndod, pan oedd y Pant yn llawn sŵn a chanu, a finne'n mynd fel trên o un gweithgaredd i'r llall a digon o ffrindiau – a bechgyn – o 'nghwmpas i, 'wy wedi neidio at bob cyfle i gymdeithasu. Ar ôl colli Brian, newidiodd pethau, ac wy'n credu taw dyna'r unig dro yn fy mywyd i mi deimlo'n unig. Er bod Heledd yna, a llu o ffrindiau'n gwneud eu gorau i fy helpu i, roedd yn teimlo fel tase hanner fy mywyd wedi cael ei dynnu i ffwrdd, a 'mod i ar fy mhen fy hun. Gymerodd hi dipyn o amser i fi sylweddoli bod bywyd a'i brysurdeb yn gorfod mynd yn ei flaen, ond ymhen amser, dechreuais i ddod yn ôl atof fy hunan.

Ar ôl cyfnod yn y tywyllwch, dechreuodd y lliw ddod yn ôl i'r byd, a llwyddais innau i ddechrau mwynhau bywyd. Falle fod y fflach wedi dod 'nôl i fy llygaid hefyd, achos roedd dynion yn dechrau talu sylw i fi eto. Un diwrnod, ro'n i'n mynd lan i Lundain, ac yn aros yng ngorsaf Castell-nedd. Roedd y trên yn hwyr yn cyrraedd, felly es i gael dishgled yn y caffi. Wel, os do fe, daeth rhyw ddyn draw ata i am sgwrs, a gethon ni *chat* bach neis cyn i'r trên gyrraedd. Pan gyrhaeddais i Paddington o'r diwedd, es i i aros am dacsi i fynd â fi i 'ngwesty, a pwy ddaeth draw ond yr un boi eto, a gwên fach swil ar ei wyneb. 'I know we've only just met,' medde fe. 'But may I ask where you're going? Are you doing anything special?' Wel, dyma ni gyffro. 'Actually, it's my birthday,' atebais i, 'and I'm just having a treat.' Diawch erioed, gofynnodd e alle fe gwrdd â fi'n nes mlaen i brynu diod i fi. O'n i'n barnu bydden i siŵr o fod yn eitha diogel yn y gwesty, felly gytunais i gwrdd ag e yn y bar. Ddaeth e draw, a chan ei fod yn ben-blwydd arna i, drefnodd e i fynd â fi am sbin o gwmpas Llundain mewn *carriage and pair*, a rhoddodd e fwnshed mawr o rosod coch i fi. Wir i ddyn byw, o'n i'n teimlo fel brenhines, a phawb yn syllu wrth i ni fynd heibio mewn steil. Fe gadwon ni mewn cysylltiad am ychydig wedi hynny, a bydda i'n ddiolchgar iddo am byth am roi shwd foment hyfryd o ramant i fi.

Ar ôl y trafferthion gyda'i *retinas*, roedd Heledd wedi dod i fyw ata i yng Nghwmllynfell, ac o'n i'n falch iawn o'i chwmni. Doedd fy iechyd innau ddim cystal chwaith, ac fe ges i nifer o drafferthion yn agos at ei gilydd. Roedd y diabetes yn eitha sefydlog erbyn hyn, diolch i'r drefn, ond fe ges i gryn broblem gyda fy *Achilles tendon.*

Un noson, o'n i wedi mynd lan i Gaerdydd ar y trên, ac wedi parcio'r car yn steshon Castell-nedd. Roedd hi'n stormus iawn erbyn i fi gyrraedd 'nôl, yn chwythu glaw a thyrfe difrifol. Mae'r steshon yn agored iawn, felly dyma fi'n penderfynu rhedeg am y car. A finnau ar frys, fe gydiodd fy nhroed mewn rhyw dwll a lawr â fi fel sached o dato. Sylweddolais i'n go glou 'mod i wedi gwneud rhywbeth eitha difrifol, achos pan dries i godi, do'n i ddim yn gallu symud o gwbwl. Lusgais i fy hun at y car a ffonio ambiwlans, a bant â fi wedyn i ysbyty Treforys. Ar y dechrau, doedd y peth ddim yn edrych yn rhy ddrwg. Ro'n i wedi torri fy ysgwydd ac wedi anafu fy nghoes, ac roedd yn edrych fel *sprain* cas ar y pryd. Ond ar ôl deg wythnos, a'r ysgwydd wedi gwella bron yn llwyr, roedd fy nghoes yr un mor boenus ag erioed, a'r ffisiotherapydd yn ffaelu deall beth oedd wedi digwydd, a pham nad o'n i'n gallu cerdded yn iawn. Gofynnodd e i fi gerdded o un ochr yr ystafell i'r llall, a gwelodd y broblem ar unwaith. 'Mae dy *Achilles tendon* di wedi mynd,' medde fe. Do'n i ddim yn siŵr beth oedd hynny'n ei olygu, ond roedd yn swnio'n drafferthus. Ac o'n i'n iawn hefyd – aethon nhw â fi lan i Dreforys ar unwaith i'w roi 'nôl at ei gilydd, ond am fod cymaint o amser wedi mynd heibio, doedd dim posib iddyn nhw wneud llawer o ddim. Bu'n rhaid i fi fynd i'r ysbyty yng Nghaerdydd i gael y llawdriniaeth, lle tynnon nhw'r tendon o'r goes cyn fy ailadeiladu fel rhyw *bionic woman.*

Golygodd y drafferth yma 'mod i'n ffaelu gweithio am naw mis, gan 'mod i'n methu cerdded – prin o'n i'n gallu symud, a dweud y gwir – ac yn gorfod mynd i'r ysbyty'n rheolaidd i gael newid y plaster a symud y droed dipyn yn dipyn. Fe weithiodd

y driniaeth, diolch byth, ac erbyn hyn, yr unig beth sydd gen
i i gofio amdani yw craith lawr cefn fy nghoes, ond does dim
problemau cerdded, ac mae'r cyfan wedi gwella'n iawn.

Tua'r un pryd, roedd fy ngolwg yn peri gofid, a bu'n rhaid i
fi gael triniaeth am *cataracts*. Dyw hon ddim yn driniaeth fawr,
ond mae'r syniad yn eitha erchyll, achos mae gofyn i chi aros
yn effro drwy'r cyfan, a gan taw'r llygad yw e, does dim modd
edrych i ffwrdd chwaith. Ond y peth wy'n ei gofio orau am gael
y driniaeth honno oedd cael cyfle i dreulio amser 'da hen ffrind,
achos daeth yr actores Toni Carroll gyda fi'n gwmni lawr i'r
syrjeri yn ysbyty Singleton tra oedd y meddygon yn gwneud eu
gwaith. Mae gymaint yn haws mynd trwy rywbeth fel hyn pan
fydd ffrind wrth eich ochr drwy'r cyfan.

Peth trafferthus arall, sy'n parhau hyd heddiw, yw rhyw
broblem fach 'da 'nghalon i. Rai blynyddoedd yn ôl, dechreuais
i sylwi 'mod i'n colli fy anadl yn gyflym iawn wrth gerdded lan
rhiw, hyd yn oed un fach, ac yn cael poenau yn fy mrest. Ta
beth, ar ôl cael profion, welon nhw fod 'da fi *blocked arteries* a
bod angen *stent* arna i, ond pan es i mewn i gael y llawdriniaeth,
newidiodd y doctoriaid eu meddwl, a phenderfynu y byddai
bypass yn well yn y pen draw. Un peth 'wy wedi'i ddysgu dros y
blynyddoedd yw i ymddiried yn y bobl broffesiynol, ac 'wy mor
ddiolchgar am y gofal da 'wy wedi'i gael dro ar ôl tro.

Pennod 21

R o'n i'n mwynhau fy swydd yn Boots yn Abertawe yn fawr,
ond ar ôl cwpwl o flynyddoedd, roedd teithio lan a lawr
y cwm bob dydd yn dechrau mynd yn fwrn, felly pan welais
i hysbyseb am swydd yng Nghwmllynfell, ro'n i'n barod i roi
cynnig ar rywbeth gwahanol eto. Roedd y syniad o gael swydd
ar stepen y drws yn apelio, heb sôn am yr holl arian fydden
i'n ei arbed ar betrol, felly dechreuais i weithio gyda chwmni
Transcare, oedd yn darparu gofal yn y gymuned ac mewn
cartrefi gofal. Swydd mewn cartre i bobl ag awtistiaeth oedd hi,
lle roedd gwahanol therapïau'n cael eu cynnig i'w helpu nhw
i ymdopi. Mae'r sbectrwm awtistiaeth yn eang iawn, ac mae
llawer o bobl sydd arno'n gallu byw bywydau digon normal, ond
roedd preswylwyr y cartre – y cleientiaid, neu'r *service users* fel
roedden ni'n gorfod eu galw nhw – yn bobl ag anghenion dwys.
Doedd dim iaith ganddyn nhw, a doedden nhw ddim yn gallu
cymdeithasu na chynnal perthynas â phobl eraill. Dyma, heb
os, yw'r swydd fwya heriol i fi ei gwneud yn fy mywyd. Roedd
fy nghalon i'n gwaedu dros rai o'r cleientiaid druan, oedd yn
mynd i orfod byw mewn sefydliad fel hyn am byth, heb unrhyw
obaith o fwynhau llawer o bleserau syml, cyffredin bywyd.

Gofalu am un o'r merched oedd fy swydd tra o'n i yno. Fel
sy'n wir am y rhan fwya o bobl awtistig, roedd trefn a system
yn hollbwysig iddi hi. Roedd raid dilyn yr un *routine* bob dydd
yn ddi-ffael, o'r eiliad roedd hi'n dihuno yn y bore, a phopeth

yn gorfod dilyn yr un drefn yr un amser bob dydd. Os byddai rhywbeth yn torri ar draws y *routine*, efallai na fyddai hi i'w gweld yn poeni'n ormodol, ond yn sicr erbyn y prynhawn, neu hyd yn oed drannoeth, byddai'r effaith yn amlwg, a'i hymddygiad yn gallu bod yn heriol dros ben wedyn. Ges i sawl clatshen gan ambell un hefyd, ond doedd dim pwynt gwylltio 'da nhw – doedd dim ffordd arall 'da nhw i fynegi eu rhwystredigaeth, ond roedd yn frawychus pan oedd oedolyn yn ymddwyn yn fygythiol, heb ddeall sut roedd hynny'n edrych ac yn teimlo i fi.

Ond er bod heriau a phroblemau, roedd llawer o elfennau'r swydd yn rhoi boddhad i mi – mae'r teimlad o dorri drwodd a chreu cyswllt â pherson ag awtistiaeth ddofn yn rhywbeth prin iawn, ond mae fel aur pan fydd yn digwydd. Serch hynny, yn y pen draw, aeth y cyfan yn drech na fi, a bu'n rhaid i fi roi'r gorau iddi. Ond fe arhosais yn y maes gofal, ac yn yr ardal hefyd, drwy ddechrau gweithio gyda chwmni Nightingales, yn darparu gwasanaethau gofal i bobl yn eu cartrefi. Dyma swydd amrywiol – roedd nifer o gleientiaid 'da fi, a rhai'n ddymunol tu hwnt, bob amser yn falch o 'ngweld i'n dod, ac yn ddiolchgar am yr help. Ond roedd rhai eraill yn ddigon ffwslyd, ac yn disgwyl i fi wneud popeth drostyn nhw. Y peth pwysig oedd trin pawb yr un fath, a gwneud fy ngorau drostyn nhw. Ond roedd hynny hefyd yn anodd tu hwnt, yn bennaf am fod 'da ni gyn lleied o amser i'w dreulio 'da nhw.

Nid y gwaith gofalu *hands-on* oedd yr unig ddyletswydd – roedd raid llenwi ffurflenni a llyfr nodiadau hefyd i ddangos yn union beth o'n i wedi'i wneud, er mwyn i'r gofalwr nesa weld beth oedd ei angen. Ond erbyn i fi gyrraedd y tŷ, tynnu 'nghot, dweud helo, cael rhyw frawddeg neu ddwy o sgwrs cyn mynd ati i wneud beth bynnag oedd ei angen, doedd prin amser i orffen cyn rhuthro i'r lleoliad nesa.

Roedd un ledi fach – a *lady* oedd hi hefyd – yn ofnadwy o *prim* a gofalus, roedd raid i bopeth fod *just so*. Roedd hi'n annwyl iawn, ond os o'n i'n gwneud dishgled o de iddi, roedd raid defnyddio'r tsieni gorau, a llwy arian i droi'r siwgr. Pan fyddwn i'n mynd yno ben bore, fydde angen ei chodi o'i gwely, rhoi cawod iddi, ac yna paratoi ei brecwast, sef un a hanner Weetabix a phump a hanner o *apricots* ffres ar ei ben e. Wedyn, roedd raid gofalu ei bod yn cymryd ei moddion i gyd, ei gwisgo a'i gosod yn gyfforddus yn ei chadair, achos dyna lle fydde hi wedyn drwy'r dydd o flaen y teledu, druan, nes bod rhywun yn dod i'w rhoi hi yn y gwely gyda'r nos. Ac roedd hynny'n dipyn o berfformans hefyd – ar ôl ei rhoi hi yn y gwely, roedd angen paratoi diod o wisgi iddi. Roedd raid i hwnnw fod mewn *cut-glass tumbler*, â thop bodyn o wisgi a thop bodyn o ddŵr ar ei ben e. Os oedden ni'n ei wneud e'n anghywir, fydde'r stŵr rhyfedda'n ein disgwyl ni'r bore wedyn. Ro'n i hefyd yn ymwybodol mai fi efallai fyddai'r unig berson fyddai'n galw i weld llawer o'r bobl yma, ac na fyddai neb yna i siarad â nhw o un pen y dydd i'r llall. Roedd y demtasiwn i eistedd i lawr a chael sgwrs go iawn 'da nhw'n gryf iawn, ac yn aml, roedd yn anodd cau'r drws arnyn nhw ar ddiwedd yr ymweliad.

Mae'n braf iawn gwneud swydd lle ry'ch chi'n gwybod eich bod yn helpu rhywun, ac yn rhoi gwasanaeth gwerthfawr i bobl, ond 'wy ddim yn credu ei bod yn swydd y gallwch chi fod ynddi gant y cant am gyfnod hir. Mae'n anodd peidio â theimlo'n emosiynol dros y cleientiaid, a hefyd mae'r oriau'n hir, a'r gwaith yn galed yn gorfforol – falle fod ambell i ledi fach yn edrych yn fregus ac mor ysgafn â phluen, ond fe welwch chi'n go glou nag yw hynny'n golygu ei bod yn hawdd ei chodi. Os y'ch chi ishe magu breichiau cryf a digon o gyhyrau, ewch i weithio fel gofalwr am chwe mis.

Wedes i 'mod i'n Laudette, on'd do fe? A falle fod ysbryd yr hen Estée'n gofalu drosta i, achos ar ôl peth amser yn gofalu am bobl bob dydd, daeth galwad gan Jackie Moses, *assistant manager* Boots yng Nghaerfyrddin, yn gofyn i fi fynd i weithio yn ei siop hi ar gownter Estée Lauder.

Ro'n i wrth fy modd yn mynd yn ôl at Lauder, ac roedd y syniad o weithio yng Nghaerfyrddin yn apelio'n fawr. Er taw mynd yn ôl at yr un cwmni o'n i, a bod y gwaith yn gyfarwydd, wrth dderbyn y swydd, ro'n i'n teimlo 'mod i'n symud i gyfnod newydd arall yn fy hanes unwaith eto. Wrth gwrs, tase Lauder yn penderfynu agor siop yng Nghwmllynfell, byddai hynny'n well fyth, ond buan iawn ddes i'n gyfarwydd â theithio'r pum milltir ar hugain i gyrraedd y gwaith.

Un gyda'r nos, wrth i fi deithio adre, arhosais yn siop y pentre yng Nglanaman i brynu bwyd i'r cŵn. Wrth i mi ddod allan drwy'r drws, pwy oedd yn mynd i mewn ond Ian Davies, hen ffrind – hen gariad, a dweud y gwir – o ddydiau'r ysgol. Yn llythrennol, bwmpon ni i mewn i'n gilydd yn nrws y siop. Ro'n i wedi gweld Ian bob nawr ac yn y man dros y blynyddoedd. Er ei fod yn gymaint rhan o'r gymdeithas ddrama pan oedden ni'n ifanc, a bod llais siarad a phresenoldeb arbennig 'dag e ar y llwyfan, roedd e wedi mynd i gyfeiriad arall yn llwyr. Pan ddigwyddais ei weld e un tro, yn un o'r *arcades* yng Nghaerdydd a finnau'n ffilmio *Pobol y Cwm*, wy'n cofio meddwl ei fod e'n edrych fel dyn gwyllt o'r coed – roedd e wedi taclu mewn rhyw ddillad trwm ac roedd barf mawr 'dag e – ond dillad gwaith oedd y rheini. Roedd e'n gweithio yn y Ganolfan Fynydda y tu allan i Gastell-nedd ar y pryd. Fydden i erioed wedi dychmygu taw rhywbeth fel 'na fyddai e wedi'i wneud, ond roedd e wrth ei fodd yn mynd â grwpiau o bobl i ddringo ac i wneud *white-water rafting* i lawr yr afon. Ta beth, y noson honno ar bwys siop y pentre yng Nglanaman oedd y tro cynta i fi gael sgwrs iawn 'dag e ers blynyddoedd, ac wrth i fi ffarwelio ac agor drws y car, mynnodd 'mod i'n cymryd ei garden fusnes a'i rif ffôn arni. 'Rho alwad i fi rywbryd,' medde fe. Feddylies i ddim mwy am y peth am sbel fach.

Ychydig yn ddiweddarach, ro'n i yn Llundain am y penwythnos, ac wedi bod i weld rhyw ddrama. Chofia i ddim beth oedd hi, ond wy'n cofio teimlo'n flin iawn ar ôl dod mas, achos roedd hi'n ddiflas tu hwnt, a minnau'n teimlo 'mod i wedi gwastraffu amser ac arian. Wrth ymbalfalu yng ngwaelod fy mag, beth ffindies i ond cerdyn Ian, a dyma feddwl, pam lai, a phenderfynu rhoi galwad iddo am *chat*. A chware teg iddo, fe gododd fy nghalon i â rhyw sgwrs fach ddigon ysgafn. A dyna shwd fuodd hi am sbel fach – ambell i alwad ffôn, nes iddo ofyn licen i gwrdd, a dyna wnaethon ni. Roedd yn hyfryd cael dala lan ar ôl yr holl flynyddoedd, a chlywed hanes ein gilydd. Roedd Ian wedi bod yn briod hefyd, ac roedd ganddo un ferch, Angharad. Roedd wedi ysgaru, ac roedd ei gyn-wraig wedi marw bellach. Chymerodd hi ddim yn hir i ni ailgynnau'n perthynas – beth maen nhw'n ei ddweud am dân ar hen aelwyd? Ac er ein bod wedi colli nabod ar ein gilydd ddegawdau ynghynt, roedd y profiadau roedden ni wedi'u rhannu yn ein hieuenctid yn creu rhyw gwlwm rhyngon ni, a'r math o ddealltwriaeth sy'n cymryd blynyddoedd i aeddfedu fel arfer.

Doedd y penderfyniad i briodi ddim yn un anodd, felly ar 23 Ionawr 2010, dyna wnaethon ni. Roedd yn ddiwrnod hyfryd, er ei bod yn ganol gaeaf. Roedd Heledd yn forwyn briodas, ac wyres Ian, Siân, merch fach Angharad, oedd merch y blodau. Roedd y gwisgoedd a diwyg y diwrnod yn nwylo diogel Huw Rees (Huw Ffasiwn). Fe wnaeth e jobyn rhagorol, â lliwiau cynnes a steil bendigedig i'r gwisgoedd i gyd. Daeth Gwynfor a Mal, dau o ecstras mwya cyfarwydd *Pobol y Cwm*, i fy hebrwng i, ac roedd yn deimlad bendigedig cael shwd gymaint o ffrindiau yno, o bob cyfnod yn fy mywyd, i ddymuno'n dda i ni.

Pennod 22

Er taw yn y byd colur a harddwch mae fy arbenigedd erbyn hyn, mae'r gwaith actio'n dal yn rhan bwysig o 'mywyd, a dros y blynyddoedd, mae nifer o rannau diddorol wedi dod i 'nhemtio i 'nôl o flaen y camera. Wrth fynd yn hŷn, mae llai o rannau da ar gael i actorion – yn enwedig menywod – ond 'wy wedi mwynhau cymryd rhan mewn sawl cynhyrchiad a chyfres dros y blynyddoedd diweddar, fel *Calon Gaeth, Gwaith / Cartref, Alys, Teulu Tŷ Crwn, Y Pris, Dirgelwch yr Ogof* a *Torchwood.* Mae'r diwydiant wedi newid yn aruthrol ers i fi ddechrau arni, ond yr un yw hanfodion actio, dim ots pwy ydych chi na ble rydych chi, a dyw hwnna ddim yn rhywbeth chi'n ei anghofio. Dyw'r ysfa i'w wneud e ddim yn eich gadael chi chwaith. Does dim sy'n well gen i na chael sgript a bwrw iddi i weithio ar gymeriad, a'r holl waith caled sydd ynghlwm â bod ar set, hyd yn oed os yw hynny'n golygu rhedeg drwy'r mwd i mewn i dwlc mochyn fel wnes i yn *Dihirod Dyfed,* neu fynd mas i fwyara yng nghanol haf chwilboeth i gasglu mwyar wedi'u clymu ar lwyni, fel bu'n rhaid i mi ei wneud yn *Calon Gaeth.*

Wy'n lwcus iawn hefyd fod Estée Lauder a Boots wastad wedi bod yn gefnogol iawn i unrhyw waith actio wy'n cael ei gynnig, ac yn ddigon parod i fi gael amser yn rhydd i fynd i ffilmio. Ac er bod actio'n dal yn y gwaed, mae'r gwaith gyda Lauder yn rhoi boddhad mawr i mi. Yn un peth, mae'r merched wy'n gweithio 'da nhw wedi dod yn ffrindiau da iawn. Mae

Jane, Becks a Julie, sydd gyda fi ar gownter Lauder, yn dîm da.
Yn aml, bydd Jane a fi'n cwrdd am ginio tu fas i'r gwaith – mae'r
ddwy ohonon ni'n mwynhau esgus ein bod ni'n *ladies who
lunch* mewn dipyn o steil – ac roedd hi'n help mawr i fi hefyd
â threfniadau fy mhriodas i a Ian, a fy rhoi fi ar y llwybr iawn i
ddewis fy ffrog ac ati. Ond mae'r holl adran harddwch yn Boots
yn dod mlaen yn dda hefyd, sy'n beth ofnadwy o braf. Mae pob
un ohonyn nhw'n gymeriad yn ei ffordd ei hun. Mae rhai yn yr
un jobyn ers chwarter canrif a mwy, ac eraill yn llai profiadol,
ond mae pob un ohonon ni'n helpu ac yn edrych mas am ein
gilydd.

Mae'n wych hefyd sut mae cwsmeriaid yn dod yn ffrindiau.
Mae trafod y croen ac ymddangosiad rhywun yn fater personol
iawn, ac wrth i gwsmeriaid ddod yn ôl am gyngor, chi'n dod
i wybod pa gynnyrch maen nhw'n hoffi ei ddefnyddio, a beth
fydden nhw'n ei lico nesa. Wrth reswm, mae cwsmeriaid
gwahanol yn hoffi gwasanaeth gwahanol. Bydd ambell un
yn dod at y cownter ac yn holi 'mherfedd i – eisiau gwybod
popeth am y cynnyrch o'r dechrau i'r diwedd. Dyna pryd mae'r
cefndir actio'n cicio i mewn weithiau. Wedi'r cwbwl, nagw i'n
wyddonydd, ond mae'n rhaid edrych yn ddeallus wrth esbonio
i'r cwsmer pa les gall y gwahanol gynhyrchion ei wneud i'w
croen. Cofiwch, ambell i waith 'wy wedi gwrando arna i'n
hunan yn siarad am ryw gynnyrch a meddwl, 'Nefi bost, wy'n
mynd mlaen fan hyn!' Ond wedyn mae math arall o gwsmer
sy'n gofyn am rywbeth penodol, yn ei brynu a dyna hi, gwdbei.
A ninnau yng Nghaerfyrddin, mae nifer yn galw heibio am
sgwrs, a dyna lle fyddan nhw'n eistedd ac yn lapan am hwn
a'r llall am sbel dda. Does dim amheuaeth fod cysylltiad a
chyfeillgarwch yn datblygu gydag ambell un – mae un fenyw

yn dod â phaced o Maltesers i fi bob tro mae'n galw, a ges i blanhigyn pert gan rywun arall amser Nadolig. Nid dim ond mater o werthu stwff yw'r swydd ond ry'ch chi'n dod i nabod pobl, a chael sgwrs 'da nhw am eu bywyd personol.

Wy'n teimlo fel fy mam, weithiau, wrth siarad â'r menywod am eu colur, ac wy'n defnyddio rhai o'i dywediadau a'i hymadroddion hi wrth roi cyngor – 'gently bentley' yw hi bob tro gyda'r *blusher*, a'r gwirionedd mawr sy'n sylfaen i'n holl waith: 'A little bit of powder, a little bit of paint, makes a girl's complexion exactly what it ain't.'

*   *   *

Ar ddechrau'n bywyd priodasol yn y Pant, ac yn ystod ein carwriaeth ni hefyd, allech chi ddim cael neb mwy gweithgar na Ian. Er ei fod yn greadur anniben dros ben – un o'r rhain sy'n tynnu pethau mas a byth yn dodi dim byd yn ôl – roedd e wrthi'n ddyfal bob munud. Roedd e'n gweithio i gwmni Sky erbyn hynny, yn y cyfnod pan oedd y gwasanaeth teledu'n trosglwyddo i fod yn ddigidol. Roedd hyn yn golygu bod raid iddo deithio cryn dipyn, ond roedd e wrth ei fodd yn mynd a chadw'n brysur. Pan ddaeth hwnnw i ben, fuodd e mas o waith am ychydig, a dechreuais i sylwi ei fod yn altro ac yn arafu. Ac yntau'n un mor frwdfrydig ac egnïol fel arfer, ro'n i'n ffaelu deall beth oedd yn bod arno, ond yn bendant, roedd e'n gwneud llai a llai, ac yn ôl beth o'n i'n ei weld, y cyfan roedd e am ei wneud oedd eistedd i lawr drwy'r dydd yn y tŷ yn smoco ac yn yfed coffi. Hira i gyd roedd hyn yn mynd ymlaen, mwya i gyd roedd e'n fy hala i'n wynad, a finnau'n pwslan pam roedd e wedi 'mhriodi i o gwbl os taw'r cyfan oedd e am ei wneud oedd eistedd lawr ar ei ben-ôl yn gwneud dim ond cysgu.

Ar ôl sbel, sylwais i ei fod yn colli pwysau hefyd. Roedd e'n cael un *chest infection* ar ôl y llall, ac o'dd 'i *glands* e wastad wedi chwyddo. Sylweddolon ni falle fod rhywbeth o'i le a bod angen mynd i gael golwg iawn ar y twmpyn oedd wedi codi yn ei wddw. Canlyniad hyn oedd iddo gael ei hala lawr i'r ysbyty am brofion. Arweiniodd hynny at *biopsy*, a dyna ni, ymhen ychydig daeth y canlyniad yn ôl. Roedd canser arno. A dyna ddechrau ar gyfnod hir o driniaeth, aros, gobeithio a phoeni, a'r emosiynau a'r teimladau'n cyrraedd y gwaelod anobeithiol un diwrnod ac yn esgyn i'r uchelfannau y diwrnod nesaf.

Roedden ni'n gwybod o'r dechrau fod llawer o driniaeth o'n blaenau ni. Roedd y sgans wedi dangos bod yr aflwydd mewn mwy nag un lle. Y peth cynta oedd cael gwared ar y lwmpyn yn y gwddw, ac yn dilyn hynny, cyfnod o radiotherapi. Roedd raid mynd i'r ysbyty yn Abertawe bob dydd am chwe wythnos i gael hwnnw, ac roedd yn hen driniaeth ddigon cas, a Ian druan yn teimlo'n waeth ac yn waeth wrth i'r peth fynd yn ei flaen. Ond diolch byth, fe weithiodd, felly ymlaen ag e wedyn at y cam nesa. Roedd angen triniaeth ar yr ysgyfaint, ac wedyn aros i weld beth oedden nhw am ei wneud am ei arennau.

Gan fod gwahanol adrannau'n delio â gwahanol rannau o'r corff, roedd raid mynd i ysbytai gwahanol hefyd, felly ddaethon ni'n eitha cyfarwydd â Threforys a Singleton wrth fynd am y gwahanol driniaethau. Yn y pen draw, penderfynwyd tynnu un o'i arennau gan fod y canser yn tyfu'n gynt na'r disgwyl, a digwyddodd hynny yn ystod gwanwyn 2014.

Ar ôl tynnu'r aren, ac Ian druan wedi bod drwy'r felin dros gyfnod o flwyddyn a mwy, fe gafodd e newyddion da gan y

meddygon – roedd popeth i'w weld yn gwella'n dda. Mae'n
rhy gynnar i ddweud bod y cyfan ar ben, ond ar ôl cyfnod hir
o waeledd a phoeni, mae rhywun yn croesawu unrhyw beth
cadarnhaol. Mae'r dyfodol yn edrych yn llawer mwy gobeithiol
nag oedd e flwyddyn yn ôl.

Yn ara bach, ry'n ni'n ailafael mewn bywyd. 'Wy 'di bod
yn lwcus – mae'r merched yn Boots wedi bod yn gynhaliaeth
wych i fi, ac fe fyddai wedi bod yn anodd iawn arna i hebddyn
nhw. Ac mae Ian yn dod ato'i hun erbyn hyn, ac yn dangos
mwy o ddiddordeb mewn pethau. Mae wedi prynu beic, ac yn
crwydro'r ardal ar gefn hwnnw, ac mae wrth ei fodd pan fydd
ei ferch, Angharad a Gareth ei gŵr yn galw draw o'u cartref ym
Mhontycymer gyda'u merched bach – Siân, oedd yn forwyn
briodas i ni, a Lili, sy newydd ddechrau yn yr ysgol.

Un o'r pethau sy'n rhoi pleser mawr i Ian yw bod mas yn
yr ardd. Mae e wedi gwneud shwd gymaint o waith yna – mae
llysiau, blodau a ffrwythau'n tyfu ynddi, ac mae'n edrych yn
fendigedig. A chware teg iddo, ambell waith mae dwbwl y
gwaith i'w wneud, achos pob tro mae e mas yn palu, fydd Agnes
a Jac y cŵn yn dod i 'helpu', ac Agnes yn enwedig yn palu ar
'i bwys e, ac yn aml yn dad-wneud y gwaith i gyd. Ond mae e
wrth ei fodd yn eistedd yn ôl a gwylio pethau'n tyfu, achos wrth
iddyn nhw dyfu, mae'n gwneud rhyw fath o gysylltiad rhwng ei
iechyd ei hun yn gwella a phethau'n tyfu yn yr ardd. Falle taw'r
planhigyn pwysicaf yw'r asbaragws, nid am ei fod yn flasus
nac yn ffefryn i'w roi ar y plât, ond achos ei fod yn cymryd tair
blynedd i dyfu corun asbaragws. Fe'u plannodd nhw eleni, ac
mae'n llawn fwriadu eu cynaeafu hefyd.

Ry'n ni wedi bod drwy'r drin dros y flwyddyn ddiwethaf,
ond pan fydda i'n eistedd yng ngardd y Pant gyda'r nos, yn

edrych dros y gwelyau llysiau a'r blodau lliwgar, a Ian wrth fy
ochr yn gwella bob dydd, alla i ddim â chwyno. Mae bywyd
wedi bod yn dda i fi. Oes, mae 'na adegau anodd wedi bod, a
nifer o brofiadau na fydden i wedi'u dewis, ond dyna beth sydd
wedi fy ngwneud i'n fi, ac wy'n teimlo'n fodlon iawn cael bod yn
ôl yng nghartref y teulu, yn tendio'r ardd ac yn edrych ymlaen
at weld beth ddaw yn y dyfodol.

A bydde jobyn actio bach arall yn braf hefyd!